Felix Bartels • Leistung und Demokratie

Felix Bartels

LEISTUNG UND DEMOKRATIE

Genie und Gesellschaft im Werk
von Peter Hacks

VAT Verlag André Thiele

© VAT Verlag André Thiele, Mainz am Rhein 2010
Umschlaggestaltung: Martin Engelmann, Berlin
Lektorat: Ronald Weber, Berlin
Druck: DPG Oliver Schimek GmbH, Nürnberg
Alle Rechte vorbehalten.

www.vat-mainz.de

ISBN 978-3-940884-41-1

INHALTSVERZEICHNIS

I. Wovon die Rede ist   7
II. Frühe Spuren   21
III. Held und Menge
  1. Eröffnung des indischen Zeitalters   33
  2. Moritz Tassow   39
  3. Ein Gespräch im Haus Stein   43
IV. Held und Helden
  1. Die Binsen   51
  2. Omphale   67
V. Helden und Menge
  1. Numa   84
  2. Prexaspes   124
VI. Der Dichter und seine Zeit   152

Anhang
  Anmerkungen   169
  Siglen   182
  Notiz zur Ausgabe   183

I. WOVON DIE REDE IST

Wir reden vom gesellschaftlichen Denken eines Dichters. Wissen wir, wovon wir reden? Die Äußerungen, die sich bei Peter Hacks zu geschichtlichen Phänomenen wie Staat, Nation, Beamtenapparat, Klassen usf. finden, lassen an Entschiedenheit wenig zu wünschen übrig. Sie liegen verstreut in seinen Werken und Schriften, besitzen jedoch, obgleich ihnen bisweilen eine gewisse Unschärfe anhaftet und auch von ihnen gilt, daß sie in der Zeit einem gewissen Wandel unterworfen waren, augenscheinlich einen systematischen Zusammenhang. Das alles ist bekannt, und die Aufgabe der Forschung scheint lediglich darin zu liegen, das Verstreute zusammenzutragen, die sich daraus ergebenen Zusammenhänge darzustellen und schließlich zu beurteilen. Doch niemand kennt je eine Sache wirklich, der nicht das ihr Zugrundeliegende erkannt hat, und es stellt sich natürlich die Frage, ob die Begriffe, mit denen Peter Hacks operiert, wirklich so ganz offen und ohne weiteres vor uns liegen. Gibt es nicht auch bei Hacks eine Struktur hinter der Struktur, ein Bild von der Welt, das seinem Weltbild zugrunde liegt, Auffassungen, die seine Auffassungen gebildet haben?

> *Der Verfasser ist zu allen Überlegungen fähig, außer zu langwierigen. Er kommt zu Ergebnissen oft auf verwickelte Weise, aber mitteilenswert erscheint ihm allein das Ergebnis. Was er sich vorher gedacht hat, meint er, läßt sich mitdenken. Er liebt – vielleicht zu sehr – Beweise, aber er haßt es, die Prämissen zu beweisen.*
> (HW XIII, 8)

Mitdenken, das heißt: fortdenken, Zusammenhänge herstellen, dort ausführlich werden, wo der Dichter kurz geblieben ist. Man liest ihn also zunächst mit dem Strich, nicht dagegen. Die Brüche eines Gegenstandes begreift nur, wer zuvor seine kontinuierlichen

Linien begriffen hat. In der kritischen Haltung liegt allzu oft etwas Hochmütiges, das sich über den Gegenstand erhebt, ohne ihm gerecht zu werden, das ihn bricht, ohne ihm die Möglichkeit zu lassen, sich als das zu zeigen, was er ist. Nicht nur vor den Beifall, auch vor die Kritik haben die Götter das Verstehen gesetzt. Man kann beides billiger haben, doch zielt das Urteil dann auf ein Trugbild, das erst in der Einbildung des Urteilenden entstanden ist. Dem unerquicklichen Für und Wider zwischen Apologeten, die loben, ohne begriffen zu haben, und Kritikern, die aus denselben Gründen tadeln, ist nur mittels eines unbefangenen Herantretens an den Gegenstand zu entkommen. Hierzu, das ist bei Hacks nicht anders als bei anderen Denkern, muß man in die Tiefe gehen. Einer Theorie läßt sich nicht nur entnehmen, was sie beinhaltet, sondern es mag ihr Bau auch verraten, wie sie zustande gekommen ist. Was den geäußerten Auffassungen zugrunde liegt, stellt aber ein anderes Problem dar als das in ihnen Enthaltene.

Das menschliche Denken bildet Muster aus, und diese sind zwar Resultat des Umgangs mit dem Stoff, den man Wirklichkeit nennt, aber sie werden im weiteren Umgang mit der Wirklichkeit nicht jedesmal aufs neue gebildet. Der Mensch greift auf sie zurück wie auf Werkzeuge, die er sich für bestimmte Zwecke geschaffen hat. Das beginnt mit der Bestimmung von Universalien, Allgemeinbegriffen, die den vielfältigen und ungeordneten Stoff der Erscheinungswelt in verschiedene Gruppen zusammenfassen; ganz abstrakte – Zahl, Relation, Zeit, Ort, Schönheit z.B. – und faßliche – Mensch, Tier, Stuhl, Faxgerät. Diese Universalien sind die Atome des Denkens, sie bilden seine Semantik. Sie gestatten dem Menschen, nicht jeden Gegenstand, dem er begegnet, neu ergründen zu müssen, als hätte er keinerlei Wissen über ihn. Jeder Stuhl z.B. ist anders, er unterscheidet sich durch Farbe, Form, Material, Alter, Zustand von allen anderen Exemplaren seiner Gattung, und dennoch ist jeder Mensch in der Lage, einen Stuhl, den er erstmals sieht, sofort als Stuhl zu erkennen. Er kann das, weil er in seinem Denken von der Besonderheit des Gegenstandes abstrahiert und ein Allgemeines, das jedem Stuhl eigen sein mag, anstelle des einzelnen Gegenstandes, den er vor sich sieht, setzt. Dieser Vorgang, wiewohl in ihm eine grobe Ungerechtigkeit liegt, ist die Voraussetzung für alles weitere, was im Denken geschehen möchte. Das Denken bedarf der Abstraktion, um sich von ihr emanzipieren zu können. Es schafft das, indem es von der Semantik zur Syntax übergeht, das heißt: indem es die einzelnen Begriffe miteinander in Beziehung setzt, Bewegungen, die sich aus diesen Beziehungen ergeben, verfolgt, und aus diesen Bewegungen wiederum Ableitungen vollzieht, die in ihrer Gesamtheit ein Bild von der Welt erschaffen, das sich im Kopf des denkenden Subjekts als Gegenbild zur Erscheinungswelt aufbaut. Einmal in die Form gebracht, treten also die allgemeinen Begriffe der stofflichen Welt als bestimmte Größen gegenüber und wirken in der Einbildung des denkenden Subjekts auf die Wirklichkeit zurück. Jeder Denker, mag er noch so viel Wissen besitzen und noch so konkret in seinen Urteilen sein, hält in seinem Kopf ein gewisses Repertoire an Korrelationen oder Widersprüchen bereit, in denen er den Begriffen, mit denen er zu operieren pflegt, bestimmte Positionen zuweist, und derart erlangen diese Begriffe im Denken bestimmte Verhältnisse zueinander, wodurch ihr Inhalt konkreter und bestimmbarer wird. So wie man erst begreift, was ein Mann ist, wenn man auch begriffen hat, was eine Frau ausmacht, gibt es keinen Begriff, der nicht eigentlich erst durch seine Beziehungen zu anderen Begriffen definierbar wird. Selbst der umfassendste Begriff, der sich denken läßt, das Sein, kann nicht gedacht werden, ohne daß man ihm das Nichts entgegensetzt. Auch der Begriff der Demokratie verändert seine Bedeutung, je nachdem, mit welchem Begriff er in Beziehung gesetzt wird: Im Verhältnis *Demokratie – Diktatur* bedeutet er so viel wie die Möglichkeit der Menschen, sich frei und nach eigenem Willen zu entfalten, im Verhältnis *Demokratie – Oligarchie – Monarchie* bedeutet er eine bestimmte politische Organisationsform, und was er im Verhältnis *Demokratie – Leistung* bedeutet, ist wiederum, wie wir zu sehen noch reichlich Gelegenheit haben werden, etwas anderes. Kurzum:

Wovon die Rede ist

Indem der Mensch feste Begriffe bildet, und diese dann durch Bezug aufeinander in Bewegung setzt, stehen ihm alsdann Formen zur Verfügung, in die er den mannigfaltigen Stoff der Erscheinungswelt einordnet, ihn so in sich unterscheidet und strukturiert. Man kann solche Formen mit Recht als grundlegend für das Denken des jeweiligen Subjektes bezeichnen, und die Kunst, einer Theorie auf die Schliche zu kommen, besteht folglich darin, ebensolche für sie konstitutive Formen zu ermitteln.

Es liegt in der Natur der Untersuchung eines Dichters, daß sie in doppelter Hinsicht Aufschluß ermöglicht: Indem man den Dichter begreift, begreift man seine Zeit, und indem man die Zeit begreift, begreift man den Dichter. Letzteres ist von stärkerer Kausalität. Eine Zeit ließe sich zur Not auch ohne Kenntnis ihrer größten Köpfe begreifen; das Genie hingegen läßt sich ohne Kenntnis der Zeit, in der es lebte, überhaupt nicht begreifen. Ein jedes Individuum – auch der Philosoph, auch der Dichter – ist, wie Hegel sagt, ein Sohn seiner Zeit, und was es, im günstigsten Fall, an Erkenntnissen hervorbringt, ist diese Zeit in Gedanken erfaßt: »Wenn [...] das subjektive Bewußtsein [...] die Gegenwart für ein Eitles ansieht, über sie hinaus ist und es besser weiß, so befindet es sich im Eitlen, und weil es Wirklichkeit nur in der Gegenwart hat, ist es so selbst nur Eitelkeit« (GHW 7, 25). Man pflegt zu sagen, daß die Klassik das Zeitlose sei, weil sie lang hinaus über die Epoche, in der sie hervorgebracht wurde, wirksam bleibt. Aber man muß unterscheiden zwischen Produktion und Rezeption. Die Klassik wird definiert als das Maßgebende, das Vollkommene, und ob sie wirklich vollkommen ist, kann sich in der Tat erst nach Ablauf ihrer Zeit erweisen. Ein Kunstwerk wie der »Oidipous Tyrannos« wird immer genießbar bleiben und die Menschen im Innersten aufrühren, weil es auf menschliche Fragen zielt, die durch alle Epochen hindurch virulent geblieben sind. Aber ebenso sicher ist, daß der »Oidipous Tyrannos« in einer Epoche geschrieben wurde, die uns heute sehr fern ist und deren spezifische Fragen wir nur begreifen können, wenn wir diese Epoche studiert haben. Die Verständnisfrage ist eine andere als die

Frage des Erfolgs. Es ist unmöglich, ein Werk im vollen Umfang seines Gehalts zu verstehen, wenn man nicht auch die Zeit versteht, in der es entstanden ist. Die vorliegende Abhandlung hat also zwei Zwecke: einmal durch den Dichter Hacks seine Zeit, zum anderen – und das ist der wichtigere – durch die Zeit den Dichter zu begreifen.

Damit soll jedoch nicht gesagt sein, daß in dem, was sich zur geistigen Beziehung des Dichters und seiner Zeit finden läßt, der Dichter oder sein Werk erschöpfend beschrieben sei. Das Werk besitzt auch eine Form. Von keinem der behandelten Stücke soll die Behauptung gelten, daß es durch die Untersuchung, die es hier erfährt, hinreichend behandelt sei. Ästhetische Fragen – Fragen nach Konstruktion, Sprache und Gattung – sollen bewußt ausgeklammert bleiben, und auch bezüglich der hier vorgelegten Deutungen sei gesagt, daß es sich um das Aufspüren ganz bestimmter, in den Stücken wiederkehrender Motive handelt und nicht um die Deutung der einzelnen Werke in ihrer Besonderheit und vollständigen Ideenstruktur.

Vom Dichter wiederum ist klar, daß auch er in seiner Seele Bereiche besitzt, die nicht theoretischer, sondern sentimentaler Natur sind. So wird er zwar als Spiegel der Zeit genommen, aber es bleibt unbestritten, daß ein Spiegel nicht nur abbildet, sondern, indem er abbildet, auch verzerrt. Diese Verzerrung ist in der Poesie, wo Subjektivität und Objektivität eine eigenartige Verbindung eingehen, kein Makel, sondern Voraussetzung der Tätigkeit. Um den zeitrelevanten Gehalt eines Dichtwerks freizulegen, muß man den Gedankenbewegungen – denen des Werks wie denen des Dichters – genau folgen, aber man muß auch über sie hinaus gehen, mehr theoretisches Material ins Spiel bringen, als sich unmittelbar in den Äußerungen des Dichters findet. Der poetische Zugang zur Welt ist vor allem ein sinnlicher; mehr noch als das Verstehen spielt das Erleben, die Erfahrung bei der poetischen Ideenbildung eine Rolle. Der Dichter – wie kopflastig er immer sein und wie gut er seine Zeit immer begriffen haben mag – reagiert auch auf Umstände seiner Zeit, die ihm nicht voll zum Bewußtsein gekommen sind, die er nicht bis zur Eindeutigkeit theoretisch, die er aber praktisch verarbeitet hat und die sich in seinen Affekten und Haltungen zeigen. Der Versuch dieser Abhandlung ist somit zugleich auch der Versuch einer gedanklichen Vermittlung zwischen dem Dichter und seiner Zeit, ein Herausstellen von Abhängigkeiten und Zusammenhängen auch dort, wo sie vom Dichter nicht expressis verbis herausgestellt werden.

Was nun diesen Überlegungen zur Zeitlichkeit und zum Denken eines Dichters gemäß in der vorliegenden Studie geleistet werden soll, ist nicht eine umfassende oder sonstwie hinreichende Darstellung und Beurteilung des Hacksschen Begriffs vom Staat oder seines gesellschaftlichen Denkens insgesamt, sondern der Versuch, dem Leser einen Schlüssel zum Verständnis dieses Komplexes an die Hand zu geben, indem eine bestimmte, widersprüchliche Korrelation untersucht wird, von der ich behaupte, daß sie konstitutiv für das gesellschaftliche Denken dieses Dichters ist: das *Verhältnis von Leistung und Demokratie*.

Aufschlußreicher als für das historisch Übergreifende, das also, was Hacks zum Staat überhaupt äußert, ist diese Korrelation allerdings in Hinblick auf den Staat, in dem Hacks lebte, den sozialistischen, präziser: die gesellschaftlichen Verhältnisse der DDR. In diesem Umstand liegt Beschränkung und Erweiterung zugleich. Zwar ist einzuräumen, daß über Hacksens Staatsauffassung nur reden kann, wer um die vielbeachtete Analogie von Sozialismus und Absolutismus keinen Bogen macht. Eine Analogie nämlich bildet ab, was beiden – dem, was verglichen wird, ebenso wie dem, womit verglichen wird – gemein ist; sie erzeugt ein Allgemeines, und so läßt sich der Analogie, die Hacks zwischen Absolutismus und Sozialismus konstruiert, entnehmen, welche Funktion Hacks dem Staat überhaupt zuschreibt: die Vermittlung zwischen den partikularen Interessen einander bekämpfender gesellschaftlicher Gruppen und die Herstellung einer Gerechtigkeit zeugenden Gesamtbewegung. Jedoch vernichten Analogien, wie treffend sie immer sein mögen, das Besondere der Dinge und Verhältnisse, die durch sie zueinander in Beziehung gesetzt werden, und es stellt sich sogleich die Frage, ob nicht bei der Untersuchung der Hacksschen Theorie zum Staat ein beträchtliches Maß an Erkenntnis einfach schon dadurch verlorengeht, daß die Rücksicht auf jene Analogie von Sozialismus und Absolutismus gemeinhin zum hauptsächlichen Drehpunkt des Verständnisses gemacht wird. Der Verlust mag geringer sein als das, was beim Vergleich gewonnen wurde, aber er ist Grunds genug, die Angelegenheit auch einmal von der Seite her zu betrachten, die durch die Rücksicht auf jene Analogie gewöhnlich in den Schatten gerückt wird.

Die strukturelle Ähnlichkeit, die Peter Hacks zwischen Sozialismus und Absolutismus behauptet, beruht, wie sich bei genauerem Hinsehen erwiesen hat, weniger auf einer Ähnlichkeit der sozialen Struktur beider Formationen als vielmehr auf einer »Ähnlichkeit der Konfiguration ihrer gesellschaftlich wirkenden Kräfte«.[1] Nicht die Inhalte beider Formationen machen ihre Ähnlichkeit, sondern die Form ihrer Bewegung. Es ist demnach keine Klassenstruktur, sondern gewissermaßen eine politische Struktur, die Hacks als wesentlich für den Sozialismus bestimmt, die er aber gleichwohl als Struktur von Klassen auffaßt. Der Hackssche Klassenbegriff birgt somit einige Schwierigkeiten, soweit es um die Begriffsbildung geht. In der marxistischen Tradition ist eine Klasse eine größere Gruppe von Menschen, die innerhalb eines geschichtlich determinierten Systems der gesellschaftlichen Produktion eine spezifische Stellung innehat.[2] Den gesellschaftlich mächtigen Gruppen, die Hacks als Klassen des Sozialismus bestimmt, fehlt jedoch diese innerhalb des ökonomischen Gefüges exakt zu bestimmende Stellung. Hacks fragt weniger nach einer solchen Stellung als vielmehr nach der Funktion der Gruppen in der Gesamtbewegung der Gesellschaft, und das, was bei ihm bestimmte Gruppen als Klassen bestimmbar macht, ist gerade diese Funktion, die sie ausüben. Als Träger solcher Funktionen tauchen zwei Gruppen auf, Parteiapparat und Spezialisten. Unter letzteren versteht Hacks genauer einen Stand der »Forscher, Planer, Leiter« (AEV, 129), also gewissermaßen die fachliche Kompetenz des Produktionsprozesses: Betriebsleiter, Ingenieure, Facharbeiter, Wissenschaftler. Obgleich dieser Gruppe nun eine spezifische Stellung im Produktionsprozeß fehlt und sie, was die Produktionsverhältnisse betrifft, Teil der Arbeiterklasse ist, wird sie von Hacks als eigenständige Klasse gefaßt. Der Parteiapparat wiederum hat nicht nur keine spezifische Stellung im Produktionsprozeß, sondern überhaupt keine, da er als Begriff seinen Boden nicht im Bereich der Ökonomie, sondern in dem der Politik hat. Dennoch bestimmt Hacks beide Gruppen gemeinsam mit der Arbeiterklasse als die Klassen der sozialistischen Gesellschaft, und gerade letztere, die als einzige der drei Gruppen dem Begriff der Klasse gerecht wird, ist bei Hacks im Funktionsverhältnis, das er der gesellschaftlichen Bewegung zugrunde legt, außer Betracht. Bestimmend in diesem Verhältnis bleiben die anderen beiden Gruppen: die Parteileute als die Sachwalter des sittlich-menschlichen Anspruchs, der sich in der Vergesellschaftung der Produktionsmittel, der Abschaffung der Ausbeutung und der gerechten Verteilung des Reichtums zeigt, und die Spezialisten, die für den ökonomischen, technischen und wissenschaftlichen Fortschritt, für die Entwicklung der Produktivkräfte stehen.[3]

Indem von Gesittung und Produktivität als Funktionen gesprochen wird, ist zugleich eine solche »Struktur hinter der Struktur«, von der eingangs die Rede war, formuliert worden, ein ideelles Konstrukt, das einem realen Verhältnis (dem von Parteiapparat und Spezialisten im Sozialismus) zugrunde liegt. Der Begriff der Gesittung spielt im gesellschaftlichen Denken von Hacks eine durchgreifende Rolle:

Wir hatten uns vorgenommen, über Kultur und Zivilisation zu reden, nämlich ob das zwei Sachen seien oder eine. [...] Man könnte sagen, daß Kultur die Summe aller Weltaneignungsversuche mit Mitteln des Bewußtseins ist und Zivilisation die Summe aller Weltaneignungsversuche mit Hilfe der materiellen Produktion. Dieser klare Gegensatz freilich wird schon wieder unscharf, wenn man sagt: Außer der Bewußtseinsebene und der Ebene der materiellen Produktion gibt es

> *doch noch die Ebene der Produktionsverhältnisse, also die Eingerichtetheit der Gesellschaft. Wohin gehört denn die? Es gibt ein Wort, das ich sehr gern benutze und von dem sich herausstellt, daß es etwas wie ein drittes Synonym ist, das Wort »Gesittung«. Das würde ich gern diesem Bereich der Erzeugungsverhältnisse zuordnen.*[4]

Gesittung, das meint also die Form des menschlichen Zusammenlebens, das Gesamt der sozialen, ökonomischen, juristischen und politischen Strukturen und Einrichtungen. Dagegen steht der Begriff der Zivilisation etwa für das, was den Fortschritt oder Stand der Produktivkräfte ausmacht, während der Begriff Kultur für den in den Einrichtungen und Verhältnissen wohnenden Geist, mithin für das Gesamt der geistigen Formen des Zusammenlebens (Philosophie, Religion, Kunst usf.) steht. Wir sehen hier drei Fahrwege des Fortschritts, drei nicht deckungsgleiche Kriterien, die über den Zustand einer Gesellschaft Auskunft geben können. Mindestens einmal, in der »Gräfin Pappel«, hat Hacks diese Trinität poetisch gestaltet: Gesittung, Kultur und Zivilisation treten dort als drei eigenständige Reiche auf – Rieseninsel, Oase Schönschein, Berg Teltow (vgl. HW IX, 150ff.) –, und in seinem Schmähgedicht »Die Elbe« bringt Hacks die nämliche Dreiheit mit Blick auf den gesellschaftlichen Niedergang zum Ausdruck: »Wenn erst die Anspruchslosen jeder Richtung / Das Zwergenmaß in Wirtschaft und Partei, / Mit einem einzig letzten Feind, der Dichtung, / Sich einig werden, wie zu leben sei« (HW I, 207). Die Unterscheidung zwischen diesen verschiedenen Fahrwegen ist keine Nebensache. Eine hohe Gesittung wird zwar durch einen hohen Stand der Produktivkräfte begünstigt, aber Zustände, in denen großer Reichtum und gesellschaftlichen Unrecht nebeneinander bestehen, sind in der Geschichte keine Seltenheit. Hacks unterscheidet z.B. in seiner Kritik gegen Goethes Versuch, das Phänomen der klassischen Nationalliteratur zu erklären, zwischen der »reine[n] Höhe« des gesellschaftlichen Zustandes und der »Form seiner Bewegung« (HW XIII, 130), und den Gedanken, daß Gesittung und Produktivität nicht nur verschiedene Prinzipien sind, sondern auch in Widerspruch geraten können, bringt er mit Blick auf das bonapartistische Zeitalter wie folgt aus den Punkt:

> *Die freche Dummheit, mit der das Geld in seiner Kapitalform alle menschlichen Werte ausfror, und die Erbarmungslosigkeit, mit welcher es die Rechte und Tugenden der alten Ausbeuter, aber auch die der alten Ausgebeuteten, mißachtete, stellten den Hauptvorzug der Fabrikanten, die Verhundertfachung aller Erzeugung, in ein einigermaßen unheimliches Licht [...]* (HW XV, 244)

Wir werden zu sehen haben, daß auch im Sozialismus, auch nach der Abschaffung der Ausbeutung, das Verhältnis von Humanität und Produktivität kein spannungsloses bleibt. Beide Gruppen – Parteiapparat und Spezialisten – stehen aufgrund ihrer unterschiedlichen und nicht durchweg miteinander zu vereinbarenden Ziele sowie ihrer daraus folgenden Verschiedenheit in den Lebens- und Denkweisen miteinander in einem gewissen Spannungsverhältnis. Der Sozialismus aber bedarf beider Formen des Fortschritts, des sittlichen wie auch desjenigen der Produktivkräfte, und also benötigt er beide Gruppen.

Damit sind die zwei Notwendigkeiten dessen angezeigt, was Hacks den »sozialistische[n] Absolutismus« (AEV, 129) nennt: einerseits die Erhaltung beider sich feindlich gesonnener Gruppen, andererseits die ständige Vermittlung zwischen ihnen, die allein aus dem politischen Überbau der Staatsmacht kommen kann. Während also im Absolutismus das Verhältnis von Adel und Bourgeoisie ein gewachsenes ist und die Notwendigkeit seiner Vermittlung aus dieser Gegebenheit folgt, ist im Sozialismus das Verhältnis von Parteiapparat und Spezialisten ein gesetztes, ein absichtsvoll eingerichtetes, in dem beide Gruppen bestimmte Funktionen auszuüben haben, ohne die das Bestehen der gesamten Formation nicht gewährleistet wäre. Daß nun diese Funktionen

Wovon die Rede ist

keine anderen sind als diejenigen, die Peter Hacks in der Korrelation von Leistung und Demokratie beschreibt, und daß in dieser Korrelation *die wahre Geburtsstätte und das Geheimnis* der Hacksschen Auffassung vom sozialistischen Staat liegt, ist, was diese Abhandlung zeigen möchte.

So wird sich zeigen, daß das Verhältnis von Leistung und Demokratie verwandte Formen oder Derivate besitzt: Genie und Gesellschaft, Held und Volk, Reichtum und Gleichheit, Produktivität und Vergesellschaftung, Wachstum und Gesittung, Geist und Institution, Freiheit und Demokratie, Ökonomie und Politik und eben Spezialisten und Apparat. Keines dieser Verhältnisse deckt sich ganz mit dem anderen, aber was in ihnen jeweils zum Ausdruck kommt, läuft in dieselbe Richtung und hängt voneinander ab. So lassen sich die verschiedenen Formen in einen konsistenten Gesamtzusammenhang einordnen. Wie ein Flußdelta teilen sie sich in viele kleine Läufe auf und münden sämtlich im selben Meer.

Wie steht es um den Hauptstrom dieses Deltas? In einem am 16. April 1974 geführten Interview äußert Peter Hacks ein paar unscheinbare Sätze über einen Widerspruch der sozialistischen Gesellschaft:

Die andere Frage, von der ich denke, daß sie im Moment nicht lösbar ist, ist das Verhältnis von Leistung und Demokratie. Diese Gesellschaft braucht, da sie zu einer Überflußgesellschaft werden muß, Leistung. Da sie eine humanistische Gesellschaft ist, braucht sie Demokratie, und diese beiden Dinge haben sich, seit es den Demokratie-Begriff gibt, widersprochen. Da gibt es ein großes Zitat von Cooper, das ich versuche, wenigstens sinngemäß richtig zu machen: »Demokratie ist, wenn jeder Bürger berechtigt ist, ein Amt auszuüben, ausgenommen diejenigen, die dazu fähig wären.« Cooper wußte, was Demokratie ist. Das ist, meine ich, nicht böse, das ist objektiv. In der Demokratie werden den privilegierten Leuten die Köpfe abgeschlagen, den Gutsbesitzern und Ausbeutern,

den Aneignern fremder Arbeitskraft. Ich meine, bei dieser Gewohnheit des Handgelenks, alles, was oben raussteht, abzuschlagen, werden natürlich auch der Intelligenz die Köpfe abgeschlagen und der Kultur. In allen Revolutionen wird ja gerne die Kultur abgeschafft. Kurzum, auch unsere Innenpolitik, sehen wir, pendelt immer zwischen der Berücksichtigung der Interessen der, sagen wir, 12köpfigen Kretin-Familien, und dann mal wieder werden die VVB-Direktoren drangenommen. Ich meine, auch dieses Problem lösen wir im Moment nur in einer Zick-Zack-Bewegung, und auch das ist in der jetzigen gesellschaftlichen Formation nicht abzusehen, wie es einmal auslaufen wird.
(FR, 23)

Wenn wir zunächst das Augenmerk allein auf das richten, was Hacks in dieser Passage äußert, so ergibt sich, daß er mit dem Widerspruch von Leistung und Demokratie offenkundig auf das Verhältnis hinauswill, das herausragend befähigte Einzelpersonen zur Mehrheit der Menschen und deren Ansprüchen besitzen. Man könnte demnach auch vom Verhältnis sprechen von Genie und Gesellschaft. Das Genie ist, aufgrund des Umstandes, daß es leistet, was kein anderer leisten kann, ein gesellschaftlich Mächtiger, und im Bewußtsein der Mehrheit, der sogenannten kleinen Leute, die gesellschaftliche Macht zumeist doch als Gefahr kennenlernen, erscheint das Genie in der Regel als eine ebenso große Bedrohung wie der veritable Unterdrücker. Diese instinktive Angst mag nicht ganz unbegründet sein, aber sie zeugt doch auch, wie Hacks andeutet, von einer gewissen Reflexhaftigkeit gegen das Vortreffliche überhaupt. Wenn etwa in der Rhetorik der gegenwärtigen Linken die Kritik an der Ausbeutung auf den abstrakten Gegensatz von Arm und Reich reduziert wird, so liegt dem dasselbe Quidproquo zugrunde. Doch ist damit freilich nicht gesagt, daß die Befürchtungen der kleinen Leute ohne Gegenstand sind. Wo Macht ist, existiert auch Machtmißbrauch. Das Mißtrauen ist menschlich, mithin scheint es gerechtfertigt; der Widerspruch folglich dürfte so alt sein wie die Menschheit selbst. Zumindest läßt sich denken, daß er in der Welt ist, seit es Leistung und Leistungsträger, seit es also *Arbeitsteilung* gibt. Er scheint auch von jeher ein Thema der Kunst gewesen zu sein, was im griechischen Mythos (etwa bei den Sagen um Herakles) beginnt und bis zu Akira Kurosawas »Sieben Samurai« reicht. Herodot z.B. berichtet von einem Mann namens Deiokes, dessen herausragende Fähigkeiten und dessen Machtstreben zu einer Schaffung von Abhängigkeiten und schließlich zur Errichtung der Monarchie bei den Medern geführt haben (vgl. Hdt. I 95–101), und leitet damit das Entstehen der Klassengesellschaft unmittelbar aus der ungleich verteilten Begabung und der daraus folgenden Spezialisierung und Arbeitsteilung ab.

Gleichwohl bezieht Peter Hacks den Widerspruch zwischen Leistung und Demokratie in der zitierten Passage in besonderer Weise auf die sozialistische Gesellschaft, und das, wie sich zeigt, hat einen Grund: Unter Demokratie versteht Hacks hierbei offenkundig nicht, wie heute üblich, eine bestimmte politische Verfahrensweise wie etwa die Volksversammlung, den Parlamentarismus oder das direkte Mandat, sondern vielmehr ein universelles geschichtliches Prinzip, das alle Bestrebungen von Bedürftigen und Ausgebeuteten in einen Zusammenhang bringt. In diesem Sinne des Wortes war kein Staat demokratischer als der sozialistische, denn in ihm war die gesellschaftliche Erscheinung der Ausbeutung, das Aneignen fremderwirtschafteten Mehrwerts, abgeschafft bzw. weitreichender eingeschränkt als jemals sonst.[5] Es waltet somit eine gewisse Folgerichtigkeit, wenn Hacks den Widerspruch von Leistung und Demokratie, obgleich der sich in jeder Gesellschaftsformation nachweisen ließe, dezidiert am Sozialismus zur Anschauung bringt, denn dort war das Prinzip, das Hacks als Demokratie bezeichnet, als dessen Träger er aber im großen und ganzen die Arbeiterbewegung sieht, am stärksten ausgeprägt und schließlich institutionalisiert.

Der Begriff des Widerspruchs macht allerdings eine Differenz nötig. Es gibt Widersprüche, deren Gegensätze sich so unmittelbar feindlich gegeneinander betragen, daß eine Vermittlung zwischen ihnen nicht möglich oder, sofern möglich, doch nicht fruchtbar zu machen ist. Von solcher Art sind die meisten der Widersprüche, deren Teile sich auseinander zeugen. Die Teile tragen ihren Gegensatz, mit dem zusammen sie den Widerspruch ausmachen, in sich selbst. Kapital und Lohnarbeit etwa zeugen sich auseinander, das eine könnte ohne das andere nicht existieren. In der Bestimmung des Kapitals ist sein Gegensatz, die Lohnarbeit, notwendig enthalten. Das Herr-Knecht-Verhältnis, in Bewegung gebracht, steht schließlich Kopf: Der Herr, indem der Knecht ihm dient, gerät in Abhängigkeit und wird zum Knecht des Knechts. Derart beschaffenen Widersprüchen bleibt nichts, als bis zum Ende ihrer Existenz ihr Verhältnis gegeneinander auszufechten, und das Ende ihrer Existenz ist stets das *gemeinsame* Ende.

Gegen diese unmittelbare Feindschaft macht sich ein anderer Typ Widerspruch auffällig, dessen Gegensätze akzidentiell gegeneinander auftreten. Akzidentiell ist dieses Auftreten, weil die Teile des Widerspruchs unabhängig voneinander erscheinen und auch unabhängig voneinander verschwinden können; der Widerspruch entsteht erst durch das Zusammentreffen beider Teile. Die Kämpfe, die in dieser Sorte Widerspruch ausgefochten werden, sind weniger antagonistischer Natur als vielmehr agonaler: Es geht um Konkurrenz und Vorherrschaft in einer bestimmten Sphäre. Derart beschaffen ist z.B. das Verhältnis der Nationalstaaten zueinander, und desgleichen das konkurrierender Unternehmen. Verhältnisse von Klassen – was im gesellschaftlichen Denken von Hacks, mithin in seinem Geschichtsbild, eine eminente Rolle spielt – bilden sich in beiden Formen aus. So ist z.B. das Verhältnis von Bourgeoisie und Lohnarbeitern oder das von Feudaladel und Leibeigenen ein anderes als das zwischen Bourgeoisie und Adel oder das zwischen Kollektivbauern und der Arbeiter im Sozialismus. Letztere beiden Verhältnisse hatten die Form des Agon, waren daher durchaus vermittelbar und in der geschichtlichen Bewegung produktiv zu machen. Der Widerspruch zwischen Leistung und Demokratie, wie er bei Hacks beschrieben und gestaltet ist, gehört nun ebenfalls dieser zweiten Sorte von Widersprüchen an; er bildet sich aus zwei nicht verwandten Prinzipien, die auch unabhängig voneinander auftreten können, und er ist vermittelbar.

Es wird zu zeigen sein, welche Bedeutung der Widerspruch von Leistung und Demokratie in der sozialistischen Gesellschaft hatte. Er interessiert uns dabei in zweifacher Hinsicht: zum einen als Korrelation im Denken von Peter Hacks, die sich insbesondere in einigen wesentlichen Konfigurationen seines dramatischen Werks widerspiegelt und also für das Verständnis dieses Werks von großer Bedeutung ist, zum anderen als von Hacks geleistete begriffliche Erfassung der Umwelt, in der er lebte, und somit auch als Beitrag zur Theorie der sozialistischen Gesellschaft. Die Frage, die geklärt werden soll, ist, was sich in Ansicht der poetischen Werke und theoretischen Schriften von Peter Hacks über die Funktion in Erfahrung bringen läßt, die dieser Dichter den Leistungsträgern im sozialistischen Staat zukommen läßt, über die Wirkung, die der Leistungsträger in der Gesellschaft hat, die Gruppen, die er bildet, die Gegenbewegungen, die er provoziert. Wieviel Genie verträgt die Gesellschaft? Wieviel Gesellschaft verträgt das Genie? Kann ein Staat auf Leistungsträger verzichten? Kann er mit ihnen rechnen? Und wie verhält sich all das zu dem, was uns von den Hacksschen Vorstellungen über Struktur und Organisation des sozialistischen Staates bekannt ist?

II. FRÜHE SPUREN

Was spricht dagegen, den Anfang beim Anfang zu machen? Zunächst doch wohl dies, daß eine gewisse Vorsicht beim Urteilen über das Frühwerk von Dichtern schon deswegen angebracht ist, weil die Versuchung, das in der Reife voll Entfaltete in früheren Stadien bereits entdecken zu wollen, allzuleicht in die Irre führen kann. Nachher sieht manches anders aus, als es sich darstellte zu

Frühe Spuren

der Zeit, da es dies Nachher noch nicht gab, und nicht selten spielt unser Denken, das natürlich befriedigter ist, einen Stoff mit einer bekannten Struktur zu finden als einen, dessen Struktur es erst noch ermitteln muß, uns Streiche der Art, daß wir im Samen den Baum bereits zu erkennen glauben, obgleich er dort eigentlich nicht zu erkennen ist. Übersehen wird gern, daß das Spätere aus dem Früheren folgt, nicht umgekehrt, und daß in den Fällen menschlicher Entwicklung kaum einmal das Spätere *unvermeidlich* hat folgen müssen. Das Frühere hat seine eigene Existenz, die ihre eigenen Möglichkeiten enthält, von denen das Spätere, bis auf die eine Möglichkeit, die es in sich verwirklichte, die Negation ist. Und doch kann man sich nicht stellen, als sei der Weg, den ein Dichter genommen hat, einfach das Resultat von Zufällen. Obgleich ein Dichter sich im Laufe der Zeit ändert und in seinem Leben und Werk Eigenschaften ausbildet, die ihm nicht bereits von Anbeginn gegeben waren, muß doch auch danach gefragt werden, welche der Eigenschaften, die er von Beginn an besessen hat, ihn dazu befähigten, seinen späteren Weg zu nehmen. Auch wenn also nicht vom Frühwerk auf das Reifewerk geschlossen werden kann, so ist doch ein Reifewerk, das sich ohne das Frühwerk erklären ließe, nicht denkbar, und es verwundert eigentlich nicht, daß der junge Hacks schon vieles von dem beisammen hat, das ihn auch später noch ausmachen wird.

Zu frühesten bekannten Texten von Peter Hacks gehört eine auf den 1. April 1946 datierte Seminararbeit: »Die deutsche Romantik und ihre Stellung zur Klassik«, in welchem Titel bereits ein von später her gut bekanntes Thema des Hacksschen Denkens anklingt. Die Arbeit ist von einigem Umfang, und es finden sich darin viele Elemente, von denen bislang die Meinung galt, sie seien erst in der kanonischen Zeit, der Zeit der »Maßgaben der Kunst«, von Hacks entwickelt worden. Für den Zweck unserer Untersuchung ist eine Stelle dieser Arbeit von Bedeutung. Der achtzehnjährige Student stellt dort die Freiheits-Begriffe von Romantik und Klassik gegenüber, indem er bemerkt, daß im Gegensatz zur »unbedingte[n] Freiheit« der Romantik »die Klassik bei

Frühe Spuren

aller Absonderung des geistig Überlegenen doch die Unterordnung gegenüber den menschlichen Beziehungen wahrt.«[6] In diesen Worten zeigt sich, daß Peter Hacks bereits sehr früh das Problem von Genie und Gesellschaft reflektiert hat, allerdings deutlich sichtbar aus der Perspektive des Genies. In der »Absonderung des geistig Überlegenen« haben wir bereits den Genie-Begriff, in den »menschlichen Beziehungen« den der Gesellschaft, und es ist bemerkenswert, daß der junge Hacks einen Widerspruch zwischen zwei Begriffen nicht, wie Menschen dieses Alters gewöhnlich, umgeht oder einseitig aufzulösen sucht, sondern beide Begriffe in ihrer besonderen Geltung anerkennt und in ein Gesamtverhältnis zu ordnen bestrebt ist. Die Haltung der Klassik wird gegenüber der der Romantik als beispielhaft genommen: Das Genie soll sich als das besondere Wesen, das es ist, behaupten, aber es soll dieses Prinzip nicht absolut setzen, es soll die Gesellschaft in ihrer Geltung anerkennen. Wir werden dieser Forderung und der damit verbundenen Resignationshaltung späterhin noch vielfach begegnen; fürs erste interessiert aber, daß Hacks diese früh gewonnene Mitte in den folgenden Jahren zunächst einmal wieder verliert.

Etwa zwei Jahre später, im März 1948, erscheint ein Gedicht mit dem Titel »Musterknaben«. Es ist die erste Veröffentlichung des Dichters und schließt mit den folgenden zwei Strophen:

Nein, es könnte euch nicht schaden,
Lerntet ihr, wie schon als Kind
Sie sehr schlechte Kameraden
Und statt dessen friedlich sind.

Laßt sie auf den ersten Bänken
Und in ihrer Bravheit ruh'n –
Warum mögt ihr nicht das Denken
Und nicht jene, die es tun?[7]

Auch in diesem Gedicht wird, wie zwei Jahre zuvor, der Widerspruch von Genie und Gesellschaft aus der Perspektive des Genies

Frühe Spuren

betrachtet, doch ist das Problem hier ganz privat und vollends subjektiv reflektiert. Wir hören keinen Autor, dessen Einsicht in gesellschaftliche Bewegungen oder Verhältnisse sich eine poetische Form gibt, sondern sehen vielmehr die Verarbeitung offenbar persönlicher Erfahrungen. Das Gedicht handelt ganz einfach von den Schwierigkeiten, die ein geistig hochbegabter junger Mann mit seiner Umwelt haben muß. Die Perspektive ist ganz die des Betroffenen, nichts drüber. Der Anspruch der Gesellschaft erscheint hier einfach als Anmaßung und bloß als das, was den Hochbegabten, den Musterknaben, an der Entfaltung hindert. Das Genie hat recht, die Gesellschaft unrecht. Obgleich es in der Gattung der Lyrik liegt, daß der Dichter sich darin ganz auf eine bestimmte Perspektive einläßt und dem Drang zur Totalität nicht nachgeben darf, so bedeutet das noch keineswegs, daß diese Perspektive ihm fremd sein muß. Wie persönlich diese Art von Erfahrungen ist, wird noch 1991 deutlich, als der um dreiundvierzig Jahre ältere Hacks schreibt:

Schon bald [...] stellt sich die entscheidende Minderwertigkeit aller Begabten heraus: daß sie begabter sind als ihre Umwelt. Um diesen Mangel wettzumachen, werden sie, lächerlich genug, einen Beweis ihrer Begabung nach dem anderen vorlegen; natürlich werden sie den Mangel so nicht wett, sondern dauernd nur schlimmer machen, so lange, bis sie in ihrem sonderbaren Irrtum sterben.
(HW XIV, 453f.)

Natürlich spitzt Hacks die Sache gehörig zu, wenn er allgemein von *der* Umwelt spricht. Es ist nicht die Umwelt insgesamt, die dem Genie feindlich gegenübersteht, und in Hacksens eigener Biographie hat es an Anerkennung, auch in seiner frühen Zeit, gewiß nicht gemangelt. In dieser Zuspitzung, dieser absoluten Entgegensetzung von Genie und Umwelt, liegt also gleichfalls etwas Subjektives, und das hat Gründe. Wenn das Genie für die Gesellschaft ein Ärgernis ist, aber dieses Verhältnis beruht auf

Frühe Spuren

Gegenseitigkeit. Der Umgang mit der Gesellschaft stellt sich für das Genie als eine nicht enden wollende Reihe von Zumutungen dar. Mindere Begabung und mangelnde Fähigkeit, sich selbst als minder begabt zu erkennen, treten nicht generell, aber doch häufiger als selten gemeinsam auf. Mag es auch nur einen Teil von ihr betreffen, aber darin, daß die Umwelt das Vortreffliche nicht anerkennt, muß für das Genie, insbesondere für das junge, etwas Anmaßendes liegen:

> *Das Gesetz der verzögerten Billigung der Genies hat zwei Wurzeln: die Spätererkennung des Genies durch die Welt und die Früherkennung des Genies durch sich selbst. Der Beifall, wie wir haben begründen können, kommt lange nach dem Vorliegen des genialen Werkes; er kommt aber noch sehr viel länger nach dem Augenblick, worin das Genie zum Bewußtsein seiner eigenen Genialität gelangt ist. Alle Genies haben also an sich, sich unverstanden zu fühlen.*
> (HW XIII, 203)

Die Nichtanerkennung des Begabten bedeutet jedoch nicht, daß der Minderbegabte seinen Mangel nicht spürt. Ein Teil der dem Genie unterlegenen Umwelt wird den Umstand, daß das Genie herausragt, wo immer es steht und geht, ableugnen und jenes Abweichen von der Norm durch herausragende Leistung bloß als Abweichen von der Norm fassen, das Genie also einfach unter die Irrsinnigen einordnen. Aber das bedeutet nicht, daß dieser Umstand aufhört, ein Ärgernis zu sein. Kein Irrsinniger wäre imstande, in dem Maße Widerwillen gegen sich zu erregen, als das Genie durch die bloße Tatsache seiner Besonderheit erzeugt. Welch dauerhafte Zumutung es für den herausragend Befähigten bedeutet, sich sein Leben lang von einer Schar anmaßender und ahnungsloser Mitmenschen, die, weil sie den Zeitgeist vertreten, auch gleich glauben, den Geist überhaupt zu vertreten, wechselweise ankumpeln und herabsetzen zu lassen, ist nicht allzu schwer nachzuvollziehen. Gleichfalls verständlich scheint da das Bedürfnis

Frühe Spuren

des Dichters, derartigen Ärger zu verarbeiten, sich in seiner Kunst von diesem Ärger zu befreien, und diese Befreiung kann nun, wie wir noch sehen werden, zu ganz bedeutsamen Entwürfen führen, oder aber wie in den »Musterknaben« und, um ein späteres Beispiel zu nennen, in dem Liebesgedicht »Viehaustrieb« auf ganz subjektive Weise bewältigt werden. Diese Art sehr persönlicher Reflexion des Daseins eines Hochbegabten in einer Gesellschaft, die ihn nicht versteht und ablehnt, wurde von Hacks außer in der Lyrik, wo wie gesagt das Subjektive gattungsgemäß ist, vor allem in der Epik und eigentlich kaum in der Dramatik fortgeführt. Neben Kindermärchen wie der »Geschichte vom eingebildeten Zwerg«, »Meta Morfoss« und »Der Bär auf dem Försterball« zeigt sich das vor allem in den Erzählungen. So läßt sich etwa das Sujet des innengeleiteten und zugleich gesellschaftlich isolierten Helden im »Magister Knaurhase« (1982) und in der »Gräfin Pappel« (1992) wiederfinden, als Problem des durch Begabung abgesonderten Einzelnen jedoch am stärksten herausgearbeitet in »Der Schuhu und die fliegende Prinzessin« (1963). Die Erzählung der Kindheit des Schuhus ist bedrückend: Er wird als Andersartiger mit schon bald erkennbaren Gaben in eine Welt hineingeboren, in der er selbst im Kreise seiner Familie ein Fremder ist. Obwohl er sich als nützlich erweist und seinem Vater aus der Unterdrückung durch den Bürgermeister hilft, schlägt ihm ausschließlich Ablehnung entgegen. So begibt er sich auf die Suche nach einem Ort, wo man seine Eigenschaften, wenn schon nicht angemessen zu schätzen weiß, so doch immerhin toleriert.

Ein Jahr nach dem Erscheinen der »Musterknaben« entstand eine weitere Seminararbeit, die unser Interesse verdient: »Über den Stil in Thomas Manns ›Lotte in Weimar‹« (1949). Auch diese Arbeit ist, wie Jugendwerke meist sind. Manches erkennt man wieder, anderes scheint mit den Jahren vom Interesse des Dichters verlassen worden zu sein. Die Begriffe sind noch unerprobt, Sprache und Gedankenführung noch lange nicht dort, wo sie später angelangt sein werden. Es zeigt sich durchaus beides: das Ungeschlachte und das Klassische. Auf unser Thema bezogen nimmt

Frühe Spuren

der Mann-Aufsatz eine merkwürdige Doppelstellung ein. Hacks ist hier insofern weiter, als er das erste Mal das Thema nicht nur aus der Perspektive des Genies verhandelt, sondern auch aus der Perspektive der Gesellschaft, aber er fällt hinter den Stand seiner Arbeit von 1946 zurück, indem er den Widerspruch nicht vermittelt, sondern lediglich als Dualismus zu fassen in der Lage ist. Erstmals taucht allerdings der Begriff der Demokratie auf, deutlich profiliert als Pendant zum Genie: Ausgehend von einigen Überlegungen zur Funktion der Ironie in Thomas Manns Goethe-Roman diagnostiziert Hacks bei Mann einen inneren Dualismus aus Genie und Gesellschaft, von »gefährlichem Künstlertum und langweiliger demokratischer Verpflichtung«[8] und konstruiert damit das Lebensproblem des genialen Einzelnen gegenüber dem demokratischen Anspruch der Mehrheit. Teilt er Thomas Manns Dualismus? Immerhin spricht er von einer »demokratisch-menschenfreundlichen Antipathie gegen Größe überhaupt«[9] und skizziert, ohne sich davon abzugrenzen, Manns Bestreben, »daß die Sitte des Lächerlichfindens die Sitte ›gang und gäber Schwärmerei‹ vollständig verdränge.«[10] Das Genie Mann weist den Alleingültigkeitsanspruch des Genialen zurück. Er ist für demokratische Beschränkung, und so formuliert Hacks:

> [...] *letztlich ist der Held stets ein riskanter Faktor: unnötig, unzivilisiert, undemokratisch; – wie die Chinesen sagen: ›Der große Mann ist ein öffentliches Unglück‹.*[11]

Damit war erstmals eine Auffassung ausgesprochen, die Peter Hacks später noch manches Mal betonen wird, daß nämlich in der herausragenden Leistung, weil diese unvermeidlich Ungleichheit schafft, immer auch die Tendenz zur Asozialität enthalten ist.

Aber indem das Problem lediglich von zwei Seiten gefaßt wird, bleibt die Haltung des Autors zerrissen. Der Dualismus als Figur des Denkens behauptet das *tertium non datur* und verneint so auch die Möglichkeit einer Vermittlung der Gegensätze. Nachdem

Frühe Spuren

im Fall der »Musterknaben« der Widerspruch von Genie und Gesellschaft auf die Perspektive des Genies beschränkt und also vereinseitigt war, sehen wir jetzt in der ein Jahr später entstandenen Stil-Studie zwar beide Perspektiven, die des Genies und die der Gesellschaft, aber sie bleiben in Vereinzelung. Und das Pendel scheint jetzt langsam in die andere Richtung auszuschlagen. Bisweilen nämlich hat man beim Lesen der Studie den Eindruck, daß hier bereits die demokratische Perspektive stärker gewichtet ist, eine Entwicklung, die sich in den kommenden Jahren noch verstärken wird, bevor sie dann endgültig dem Herstellen einer Mitte und schließlich gar der Bildung einer Königsebene weichen wird. Das Verhältnis von Leistung und Demokratie wird dann nicht gesellschaftlich, sondern nur politisch vermittelt werden können; hier hingegen, 1949, empfiehlt Hacks, Thomas Mann folgend, einen freiwilligen »Verzicht auf wahre Erkenntnis«.[12] Die Schlauheit, sich im Angesicht eines unlösbaren Widerspruchs in das Achselzucken zu flüchten, zugleich aber den fraglos stupiden Genie-Kult durch die nicht minder stupide »Sitte des Lächerlichfindens« ersetzen zu wollen, das ist kaum mehr als die Forderung, sich die Perspektive der Demokratie vollständig zueigen zu machen, auch wenn diese Forderung nicht offen ausgesprochen wird.

Als vergnügliches Zwischenspiel entsteht 1953 ein kleines Märchen, in dem der Gegensatz von herausragender Einzelheit und Demokratie zur Anschauung gebracht wird: »Der Bär auf dem Försterball«. Es liest sich fast als ein, wenn auch kleiner, Gegenentwurf zum »Volksbuch vom Herzog Ernst«, mit dem es zeitgleich entstanden ist. Das Thema der Begabung ist hier ausgedrückt in der singulären Stellung des Bären gegenüber der ihm feindlichen Gemeinschaft der Förster, in seiner überlegenen Physis, seiner ironisch-spielerischen Haltung und der Furchtlosigkeit, mit der er sich in die Reihen der Förster begibt und sich zum Anführer der ihn jagenden Meute macht. Der Bär ist der falsche Demokrat, das Feindbild der Gesellschaft unter der Maske der Gesellschaft. Aber er ist das auf heitere Weise und zu seiner Unterhaltung. Seine Frau platzt zum Ende des Märchens in die Gesellschaft hin-

Frühe Spuren

ein und beendet das Spiel, von dem nur der Bär wußte, daß es ein Spiel ist. Die Reaktion der Förster auf die Auflösung des Spiels teilt das Märchen nicht mit; sie ist unerheblich. Der Bär und seine Frau begeben sich auf den Heimweg. Diese Unantastbarkeit, dieser spielerische Umgang mit den Menschen, das vollkommene Darüberstehen über den Fragen der menschlichen Gemeinschaft erinnert an die Stellung der Homerischen Götter in der »Ilias« und steht für nichts anderes als für die Autonomie des Genies. Wollte man in der Deutung weiter gehen und mehr gesellschaftlichen Gehalt in dem Märchen entdecken, könnte man die Maskerade des Bären auch als einen Auszug aus der Typographie politischer Handlungsweisen betrachten: Zur Bekämpfung eines Raubtieres bedient die Gesellschaft sich oft selbst eines Raubtieres, oder aber – man kennt das aus der griechischen Mythologie – eines Heroen, der nur zur Hälfte Mensch ist und dem Ungeheuer, das er bekämpft, mehr gleicht, als denen, die von ihm Hilfe erwarten, lieb ist. Wenn etwa der, übrigens im Entstehungsjahr des Märchens verstorbene, Josef Stalin während der zwanziger Jahre in seinem Kampf gegen Leo Trotzki und dessen Fraktion besonders die demokratische Furcht vor einem entstehenden Bonapartismus schürt und schließlich diese Furcht benutzt, um seinen eigenen Bonapartismus umzusetzen, dann ist das in der Sache nichts anderes. Doch vielleicht überfordert man das Märchen vom Bären auf dem Försterball ein wenig, wollte man in ihm dieses Problem im vollen Umfang verarbeitet sehen. Aus der Handlung heraus sind ernsthafte Absichten des Bären nicht erkennbar, da das Märchen ganz im Spielerisch-Heiteren bleibt.

Dagegen eröffnet das »Volksbuch vom Herzog Ernst« (1953) einen viel weiteren Spielplatz und behandelt das Problem mit einem größeren Ernst. Doch ergibt sich der größere Ernst des Stücks gerade aus der mangelnden Größe von Ernst, dem Helden des Stücks, denn die Unzulänglichkeit des Herzogs ist hier der Schlüssel zum Verständnis. Die Tendenz gen Demokratie, die bereits in der Stil-Studie zu »Lotte in Weimar« erkennbar war, sieht man hier dramatisch ausgeprägt. Der Untertitel des Stücks lautet: »Der

Frühe Spuren

Held und sein Gefolge«, womit auch das Verhältnis ausgedrückt ist, das das Stück im hier erörterten Zusammenhang interessant macht. Held, das ist einfach ein anderes Wort für Leistungsträger. »Zu den Genies«, sagt Hacks, »zählen die Helden« (HW XV, 146). Der Held ist ein Facharbeiter; was er tut, könnte nicht jeder tun. Ein Facharbeiter freilich nicht in der Wirtschaft, den Künsten oder der Wissenschaft, sondern auf dem Feld der Gesittung. Sogleich mit dieser Erkenntnis aber leuchtet der polemische Charakter des Untertitels ein. Das Stück handelt von einem Edelmann, der bei seinem Kaiser in Ungnade fällt, der in seinem Kampf gegen den Kaiser und auf der Flucht vor ihm sukzessive sein Gefolge durch seine Handlungen dezimiert und dessen Gnade beim Kaiser sich schließlich wiederherstellt. Wo er bluten sollte, blutet sein Gefolge, wo er durch dessen Dienst siegt, siegt er ganz allein. Er selbst weiß am Ende seiner Odyssee keinen zu rühmen als sich selbst (vgl. HW II, 66). »Seine Welt«, sagt seine Mutter, »ist eine Zwiebel, deren Mittelpunkt er ist, und deren Schale Gott« (HW II, 10). Ernst ist kein Held, kein Leistungsträger. Er hat seine gesellschaftliche Stellung nicht aufgrund seines Könnens und seiner Taten, sondern seiner Herkunft wegen. Alles, was er tut, trägt zur Vergrößerung der gesellschaftlichen Mißstände bei. Und was immer er tut, es fordert die Opfer seiner Untertanen. »Sein Heldentum«, schreibt Hacks 1957, »vermindert sich in genauer Abhängigkeit von seiner Macht« (TS, 95). Die Macht eines wirklichen Helden aber ergibt sich, umgekehrt, eben aus seinen Heldentaten. Der Herzog Ernst ist somit das ganze Gegenteil dessen, was unter dem Begriff eines Helden gefaßt wird. Und dennoch ähnelt Ernst, dieser *Held ohne Leistung*, dem eigentlichen Helden, dem *Helden durch Leistung*, insofern, als er ein gesellschaftlich Mächtiger ist. Wir sehen in ihm gewissermaßen einen negativen Abguß des Helden durch Leistung; der Held ist hier reduziert auf seine Asozialität. Daß aber zum Begriff des Helden vielmehr noch die Leistung als die Asozialität gehört – denn diese folgt ja erst aus jener –, wird Hacks, der es 1949 schon wußte, wohl auch 1953 nicht vergessen haben. Entsprechend relativiert er auch in der Anmerkung zum Drama: »Der Heldenbegriff des Stückes ist der sozial relevante, nicht ein privat moralischer. Der Unterschied ist dem Verfasser bekannt« (ebd.). Was Hacks unter sozialer Relevanz versteht, ist eben das, was die demokratische Perspektive hergibt, jene Reduktion des Helden-Begriffs auf die Asozialität, auf das, was der Held für die Gesellschaft ist. Die Verschiebung der Perspektive noch weiter zugunsten des demokratischen Standpunktes mag dafür verantwortlich sein, daß Peter Hacks – weniger in der Behandlung als vielmehr durch die Wahl des Stoffes – hinter diesen Erkenntnisstand zurückfiel. Rückblickend wird er mit Mißbilligung schreiben:

Diese Auffassung, glaube ich, war sehr gerechtigkeitsliebend und zugleich sehr demokratisch, und das Miteinander von Gerechtigkeit und Demokratie bot mir, wie ich befürchten muß, nicht die mindesten Denkschwierigkeiten.
(HW XV, 122)

Die Fortsetzung jener Tendenz zur nahezu vollständigen Aneignung der demokratischen Position findet sich poetisch in den Stücken zwischen 1955 und 1957: »Die Schlacht bei Lobositz«, »Die Kindermörderin« und »Der Müller von Sanssouci«. Charakteristisch für diese Stücke, soweit es unser Thema betrifft, ist die Abwesenheit jenes Widerspruchs von Held, Genie oder Leistungsträger auf der einen, der Gesellschaft, Mehrheit oder Demokratie auf der anderen Seite. Im Mittelpunkt des Interesses steht vielmehr die Darstellung einfacher, armer und wehrloser Menschen, die den Handlungen gesellschaftlich Mächtiger ausgeliefert sind. Die Mächtigen aber erscheinen nicht mehr als Leistungsträger, derer die Gesellschaft dringend bedarf. So interessieren Hacks etwa die Offiziere in der Armee Friedrichs II. nicht als Fachleute des militärischen Handwerks, sondern ausschließlich als Unterdrücker. Ihre gesellschaftlich höhere Stellung stellt sich nicht dar als Notwendigkeit, die aus der Beschaffenheit des Militärwesens folgt, sondern einfach als Form eines unmenschlichen Systems. Der

Frühe Spuren

Widerspruch von Demokratie und Leistung verschwindet demnach aus dem Werk, indem die Leistung durch Abwesenheit glänzt. Nichts an der in diesem Stück behaupteten Wirklichkeit besitzt einen höheren Zweck, alles ist auf das Unrecht und die plebejische Perspektive darauf reduziert. Auch hier ist es bereits die Wahl des Stoffs, die diese Richtung angibt: Die Lobositzer Schlacht ist welthistorisch von geringer Bedeutung, da sie weder Österreich noch Preußen einen entscheidenden Sieg gebracht hat und das Leiden der beteiligten Soldaten damit um so mehr als sinnloses Leiden erscheint. So gewährt auch die Fabel selbst keine tiefere Einsicht als die Perspektive ihres plebejischen Helden. Theoretisch drückt sich dieser Zusammenfall von Subjektivität der Figur und Subjektivität des Autors, was nur ein anderer Ausdruck für die Unvorhandenheit der dramatischen Objektivität ist, zur selben Zeit in Hacksens Postulat des plebejischen Helden aus:

> *Subjekt des Fortschritts sind die unteren Klassen [...] Die Geisteshaltung von konsequent ihrer gesellschaftlichen Lage gemäß handelnden Unteren beliebiger Art nennt man [...] plebejisch. [...] Das rationalistische und plebejische Attribut sind zwei nicht identische Quellen des Realismus. Es kann einmal das rationalistische Attribut stärker betont sein und einmal das plebejische: das Fehlen eines von ihnen disqualifiziert das Stück als fortschrittliches.*[13]

Das schreibt Hacks im Sommer 1956. Der Fortschritt, von dem immerhin noch verlangt wird, daß er vernunftgemäß sei, ist somit ganz auf die plebejisch-demokratische Position verlagert. Ab September 1957 – die Arbeit an »Kindermörderin« und »Müller von Sanssouci« ist abgeschlossen – läßt sich, zunächst theoretisch, die Umkehr jener Tendenz feststellen. Von da wird Hacks zunehmend die Mitte des Widerspruchs von Leistung und Demokratie suchen. Nicht mehr sucht er in den Nicht-Herrschenden das Subjekt des Fortschritts; er erkennt, was er später formuliert: »Glück hat

Macht nötig« (HW III, 81). Macht aber wird endlich als widersprüchlich begriffen. Und als einen der maßgeblichen Widersprüche der sozialistischen Gesellschaft formuliert Peter Hacks:

Die Arbeitermacht, das bedeutet, daß die ärmste Klasse die staatserhaltende sein soll. Das Leistungsprinzip, das bedeutet den progressiven Charakter von Ungleichheit, während doch für den Progreß kein anderes Ende gedacht werden kann als Abschaffung der Ungleichheit.[14]

Anklingt im ersten Satz ein Widerspruch von Politik und Ökonomie, und im zweiten sodann der Gegensatz zwischen Ziel und Weg, zwischen Kommunismus und der Methode, dieses Ziel zu erreichen: das Leistungsprinzip, das als wesentlich für die sozialistische Transformationsperiode gesehen wurde. Damit war das Verhältnis von Leistung und Demokratie, das Hacksens kommende Kunstherstellung und sein politisches Denken maßgeblich prägen sollte, erstmals vollständig ausformuliert.

III. HELD UND MENGE

1. Eröffnung des indischen Zeitalters

Bevor die vom »Herzog Ernst« ausgehende demokratisch-plebejische Entwicklungslinie in den Stücken zwischen 1955 und 1957 ihre vollständige Ausprägung und zugleich auch ihren Abschluß fand, hatte Hacks bereits ein Stück geschrieben, in dem er bereits einige Elemente versammelt, die sich später, in seiner klassischen Periode, als konstitutiv für sein Denken und Dichten zeigen sollten: »Die Eröffnung des indischen Zeitalters« (1954). Im »Herzog Ernst« zeigt sich ein falscher Held in seiner Beziehung zur Gesellschaft und wird als ein durch und durch schädlicher Potentat verworfen. Hieran hat uns vor allem interessiert, wie der junge Dramatiker Hacks das Problem des gesellschaftlichen Mächtigen in der Gesellschaft darstellt, negativ nämlich. In der »Eröffnung des indischen Zeitalters« tritt dieses Problem indes in seiner besonderen Gestalt von Genie und Gesellschaft auf. Columbus ist ein positiver Held, ein Genie, das der Gesellschaft helfen will; er ist fortschrittlich und lernfähig. Das aber macht ihn für die Gesellschaft noch nicht zu keinem Problem. Hacks gestaltet seinen Helden als einen allein auf die Wissenschaft und die Vernunft konzentrierten Akteur. Er ist gebildet, aber er kennt die Welt nicht. Er ist scharfsinnig, aber ihm fehlt die Einsicht in das Machbare. Er will politische Bewegungen erzeugen, aber er akzeptiert nicht die Regeln der Politik. Columbus glaubt, daß die Richtigkeit einer Idee schon ein hinreichender Grund ist, sie in die Welt zu setzen. Und er glaubt, daß es zu jenem In-die-Welt-Setzen nichts weiter bedarf, als die anderen Menschen von ebendieser Richtigkeit zu überzeugen. Daß Menschen jedoch Interessen besitzen und vornehmlich *danach* handeln, ist ihm, wenn er es überhaupt weiß, gleich. Diese allein aufs Ideal gerichtete Haltung muß unablässig zu Konflikten führen, wenn ihr Träger sich in der Wirklichkeit durchzusetzen versucht. Und so folgt im Stück eine Szene auf die nächste, worin Columbus zu erkennen gibt, daß er keinen Adel akzeptiert als den Adel des Geistes und dadurch eher einem Autisten gleicht als einem kühnen Fachmann des Fortschritts.

In dieser Beziehung weist die Figur des Columbus Ähnlichkeit zu einer anderen, viel später gestalteten Figur bei Hacks auf: Professor Simon, dem Helden des Schauer-Stücks »Die Fische« (1975). Beide, Columbus und Simon, sind in gesellschaftlichen Dingen nicht sehr beschlagen, leiden aber an der Vorstellung, ungeachtet ihrer mangelnden Kenntnisse, der Gesellschaft helfen zu können oder müssen. Doch verkörpern beide die Asozialität des Genies auf unterschiedliche Weise. Der Unterschied zwischen Simon und Columbus ist, daß letzterer Erfolg hat. Columbus bewirkt Fortschritt, Simon ist nur der Ausdruck intellektueller Verzweiflung an einer Welt, die des Fortschritts bedürftig ist an der jedoch alle

Versuche einer Besserung mit den Mitteln der Vernunft gescheitert sind. Also greift Simon auf unvernünftige Mittel zurück: Er verlegt die humane Utopie in die Vergangenheit, will den Menschen retten, indem er Nicht-Menschen züchtet, und versucht, durch naturwissenschaftliche Methoden zu bewältigen, was sich nur durch gesellschaftliche Unternehmungen lösen ließe. Die Formel der »Fische« lautet: »Ein Wissenschaftler überhebt sich und verwechselt sein partikulares Genie mit dem Bewußtsein der Menschheit« (HW XV, 214). Ähnliches ließe sich vielleicht auch von Columbus sagen. Doch im Gegensatz zu Simon ist er der Entwicklung fähig. Den Hochmut, den der Intellektuelle Columbus versprüht, bekommt die Krone ebenso zu spüren wie der Adel, das Geldbürgertum oder das einfache Volk. Für ihn sind sie alle gleich. Die Asozialität des Genies, in der »Eröffnung des indischen Zeitalters« ist sie erstmals von Hacks dramatisch entfaltet. Das heißt, wir sehen ihren Ursprung, aber auch ihre Überwindung. Wir sehen nicht nur das Hereinbrechen der Welt in das Genie, sondern auch das Ausbrechen des Genies in die Welt, das Durchbrechen seiner selbst. Columbus, das asoziale Genie, das keine Notwendigkeit anerkennt als die der Vernunft, d.h. keine Notwendigkeit als die eigene, entwickelt Einsicht in die Notwendigkeit und entschließt sich, mit dem Durchführbaren zu koexistieren:

> *Was zwischen dem Gedanken und der Wirklichkeit liegt, ist nämlich mehr als bloß Zeit und Raum. [...] Dieses indische Zeitalter [...] scheint nicht jene Zeit der Vernunft und der Tugend, deren Vorstellung meiner Seele soviel bequeme Stärke verlieh. Ungastlich empfängt es den Herannahenden, er stößt auf greuliche Klippen und erblickt die feurigen Bergschlünde. Offenbar hat es kaum Vorteile außer dem, daß es neu ist. Ich würde ganz gern ein anderes Zeitalter machen, doch es steht fest, daß ich, wenn überhaupt eines, nur dieses machen kann. Seine Zeit um ein weniges vorangebracht zu haben, ist die dem Menschen bestimmte Form der Ewigkeit.*
> (TS, 205)

Es ließe sich an dieser Stelle einiges über den Utopie-Begriff bei Hacks, insbesondere über den eigenartigen Fachausdruck der »fröhlichen Resignation« (FR, 20) sagen. Für unsere Zwecke soviel: Das Hauptthema der Hacksschen Dramatik ist das im Spannungsfeld von menschlichen Ansprüchen und den objektiven Bedingungen ihrer Realisierung handelnde Individuum. Von seinem »eigentümlichen Helden« sagt Hacks, daß er »zwischen den wohlerkannt feindlichen Polen des Gedachten und des Gemachten durch zukunftsgerichtetes Tun zu vermitteln vermag« (HW XV, 126). Vermittlung heißt hier jedoch, daß der Held sich weder in den Hochmut der reinen Utopie zurückzieht noch in einen anspruchslosen Pragmatismus absinkt. Die Utopie oder – was in der Hacksschen Terminologie dasselbe ist – das Ideal ist für »das seiende Leben ganz unentbehrlich, weil nämlich in dem Moment, wo man keine Richtung für einen Weg hat, jedes Gehen nicht mehr stattfindet« (FR, 26). Aber »von diesem vorgestellten Ende«, dem Ideal, »muß man wissen: Es ist etwas, das man nicht erreichen wird« (ebd.). Hierbei spielt die Erkenntnis, daß »sich in der konkreten Welt die Dinge nicht nach Belieben einrichten lassen, sondern [...] nur innerhalb der gesellschaftlich gegebenen Möglichkeiten« (FR, 25) eine wesentliche Rolle.[15] Das Sicheinfinden in diese Erkenntnis nennt Hacks, Goethe folgend,[16] *fröhliche Resignation*, und sie ist ebenso die Grundhaltung der *eigentümlichen Helden* von Hacks als auch die des Klassikers, der sich der unbedingt subjektiven Haltungen von Revolution oder Sturm und Drang entledigt. Dieses Über-sich-Hinausgehen des Genies, das Durchbrechen seiner selbst, macht Vermögen und Pflicht des Genies bei Hacks deutlich:

> *Genie ist das Vermögen, den eigenen Weltzustand als fremden zu begreifen und mithin die Tatsachen, die von der Menge für allgemeingültig hingenommen werden, als Stellen innerhalb eines Feldes von Möglichkeiten zu orten; so packt das Genie die Tatsachen mit voller Hand und nicht nur an den paar Henkeln, die ihnen gewachsen sind.*
> (HW XIII, 203f.)

Eröffnung des indischen Zeitalters

Dieses außerordentliche Vermögen verführt das Genie jedoch allzu schnell dazu, seine Möglichkeiten wie auch die der Welt zu überschätzen. »Man kann nicht«, notiert Hacks 1991, »ein Genie sein und dabei nicht ein wenig weltfremd« (HW XIV, 481). Sechzehn Jahre früher hatte er bereits in seinem Referat über Goethes »Tasso« bekannt: »Vielleicht ist das schwierigste Geschäft für ein Genie, zu begreifen, daß die Welt kein Traum ist« (HW XIII, 207), und drei Jahre später charakterisiert er den Genie-Begriff des Sturm und Drang,[17] der aus dieser Not des Genies eine Tugend macht:

> [...] *er ist allvermessen, hat alles sich zu danken, hat sein Orakel im Innern, ist ein Riesengeist, der nur sich gehorcht. [...] Zum Anarchismus gehört Überschätzung des Ich und Unterschätzung der realen Gesellschaft.*[18]

Doch dasselbe außerordentliche Vermögen, das das Genie zur übermäßigen Subjektivität verleitet, setzt es in den Fall, diese durchbrechen und über sich hinausgehen zu können. Es mag ja sein, daß die Ideen eines Genies mächtiger und schwerer zu bändigen sind als die gewöhnlicher Menschen. Niemand aber ist auch besser darin, Ideen zu bändigen, als eben das Genie. Das Genie, könnte man folgern, hat die Pflicht zur fröhlichen Resignation, und durch diese Aufhebung des subjektiven Genie-Begriffs wäre auch die Asozialität des Genies aufgehoben. Wer ein vernünftiges Verhältnis zur Welt gewonnen hat, wird auch eines zur Gesellschaft gewinnen. Über Schillers Rücknahme des asozialen und subjektiven Genie-Bildes seiner Sturm-und-Drang-Periode schreibt Hacks:

> *Schiller kennt also inzwischen die Welt, wie sie tatsächlich ist, und hat von der Möglichkeit des Genies, in ihr zu wirken, eine sehr viel bescheidenere Meinung, als er hatte. Seither kann er Bedeutendes wirken.*[19]

Im Fall von Columbus verkörpert sich derselbe Sachverhalt konkret in dessen Einsicht, daß selbst die genialste Einzelleistung noch der

Held und Menge

Gesellschaft als Träger bedarf, um in die Wirklichkeit gebracht zu werden. Um aber von der Gesellschaft getragen werden zu können, muß die Idee sich deren Bedingungen, d.h. dem, was der Mensch im allgemeinen als Mensch wie im besonderen als historisch determiniertes Geschöpf fassen kann, unterwerfen. »Die Utopie«, schreibt Hacks, »beschränkt sich handelnd; die Resignation – ich rede ohne Unlust – ist schöpferisch« (HW XV, 126). Die reine Idee, wenn sie, in die Wirklichkeit tretend, macht- oder mehrheitsfähig wird, erleidet eine Deformation, aber diese Deformation ist viel mehr als bloß eine Verminderung; sie ist produktiv, denn sie setzt die Idee überhaupt erst in den Fall, wirklich werden zu können. Columbus hat an dieser Erkenntnis ein ganzes Stück lang zu arbeiten, und es ist bemerkenswert und macht das Ausmaß des Rückfalls deutlich, den die folgende Phase zwischen 1955 und 1957 zweifellos darstellt, daß Peter Hacks bereits 1954 jene Haltung der fröhlichen Resignation fast vollständig entwickelt hatte und damit insbesondere in Hinblick auf das Spannungsfeld zwischen Utopie und Wirklichkeit das in der sozialistischen Gesellschaft stehende Individuum antizipiert. Ausdrücklich bestätigt er im Rückblick, daß die Widersprüche der sozialistischen Gesellschaft in der Erarbeitung des Stücks eine Rolle gespielt haben: »Das Stück entstammt der Stalinzeit, und es scheint, als wolle es ganz allgemein auf den hübschen Ovid-Vers hinaus: ›Manches, was nachher gefällt, ist im Entstehen nicht schön‹« (HW XV, 127). Zum Rückfall hinter diese Erkenntnis auf die plebejische und brechtianische Position dokumentiert André Müller folgende Unterhaltung:

Ich frage Hacks, wie er es sich eigentlich erkläre, daß er nach »Columbus«, in dem er doch schon die Stalin-Problematik und damit die Zeitproblematik richtig erörtert habe, nach seiner Übersiedlung noch einmal in die revolutionäre Tour gefallen sei. Hacks: »Vergiß nicht: ›Lobositz‹ habe ich noch im Westen geschrieben, und natürlich ist man noch nicht richtig zusammen, weil man schon richtige Erkenntnisse hat.«
(GmH, 271)

2. Moritz Tassow

Das Stück, das als erstes nach dem Columbus-Drama das Problem des Genies in der Gesellschaft wieder aufnimmt, ist »Moritz Tassow« (1961). Im »Tassow« haben wir neben einer gesellschaftlich fortschreitenden Lage in Erich Mattukat einen Helden, der sich dieser Lage angemessen zeigt. Nach dem Columbus ist Mattukat der zweite derjenigen, die Hacks seine »eigentümlichen Helden« nennt. Nur hat Mattukat die Einsicht, die Columbus erst am Ende des Stücks erhält, bereits im Anfang:

> *Ich, Erich Mattukat, habe die Welt*
> *Zu ändern vor. Die Welt ist groß und träg.*
> *Ich selbst bin, offenbar, klein und wieg leicht.*
> *Wer macht die Regeln? Offenbar nicht ich.*
> *Die Welt, das sind Gebirge, Flüsse, Wolken.*
> *Die Welt ist viele Leute und mehr Läuse.*
> *Ich will sie lenken, also gibt sie mir*
> *Die Richtung an. Ich will, was menschlich ist.*
> *Das ist der Anfang meines Wollens und*
> *Zugleich sein Ende. Von dem Punkt an wechselt*
> *Wollen den alten Namen und heißt Müssen,*
> *Und aufgehoben nur in diesem Müssen,*
> *Versteckt, doch, hoff ich, nie vermindert, lebt*
> *Es fort, dies freie, menschliche: ich will.*
>
> (HW III, 90)

Die Fabel des »Tassow« könnte allerdings nicht funktionieren, wenn Mattukat ihre Hauptperson wäre. Er steht fast außerhalb der Handlung, und sein Eingreifen gegen Ende gleicht fast dem des Gottes aus der Maschine. Wer sich im »Tassow« als der Einsicht bedürftig erweist, ist der Haupt- und Titelheld, der Sauhirt und Intellektuelle Moritz Tassow. Wo Mattukat fröhlich resigniert, indem er sein Wollen in den Rahmen des Machbaren einordnet, sind für Tassow die Bedingungen der Wirklichkeit nichts als fremd und störend:

Held und Menge

> *Nämlich nur der sei noch als Mensch gezählt,*
> *Der tut, wonach ihm ist, und dem nach viel ist,*
> *[...]*
> *Ein Krüppel, Schrumpfobst, krankes Mißgebilde*
> *Und unvollständiger Halbmensch aber ist,*
> *Wer stehenbleibt vorm Rand der Möglichkeit,*
> *Wer äußre Lenkung duldet, fremden Auftrag*
> *Annimmt und macht, was er nicht will, und nicht*
> *Macht, was er will, und weniger will als alles.*
> (HW III, 95f.)

In Tassow und Mattukat stehen sich gewissermaßen der ursprüngliche und der gereifte Columbus gegenüber. Wenn Genie als vollständiger Begriff bedeutet, nicht nur das Wirkliche mit dem Möglichen zu vergleichen, sondern die Machbarkeit des Möglichen auch richtig einschätzen zu können, ist Mattukat ein Genie, Tassow bestenfalls ein halbes. Nicht jeder, der was Eigenes im Kopf hat und im übrigen auf gesellschaftliche Konventionen pfeift, ist schon ein Genie. Zwar begreift Tassow, daß die Vergesellschaftung das Langziel der sozialistischen Politik sein muß, aber bei dieser Einsicht bleibt es dann auch. Das Wie bereitet ihm kein Kopfzerbrechen. Mattukat, der alles weiß, was Tassow weiß, weiß darüber hinaus, was in der Gegenwart zu tun ist. Recht haben, sagt er, kann man nirgends als im Hier und Jetzt (vgl. HW III, 201). Seiner Definition des Genies hat Peter Hacks noch einen Gedanken hinzugefügt:

> *Seiner Zeit voraussein ist übrigens kinderleicht, es wird allgemein überschätzt. Der Pfiff besteht eher darin, zugleich ganz in seiner Zeit und ganz außerhalb ihrer zu leben.*
> (HW XIII, 204f.)

Aber Tassow ist unverkennbar gestaltet als das Genie in seiner Asozialität. Dabei liegt der Akzent deutlich auf letzterem; interessant ist nicht Tassows Leistung, sondern sein Rollenverhalten. Tassow nämlich, ob immer er es sei, verhält sich wie der unverzichtbare Kopf der politischen Bewegung von Gargentin. Nur widerwillig konzediert er auf Mattukats Frage hin, wer die Verhältnisse in Gargentin umgestoßen habe, daß auch andere als er selbst daran beteiligt waren (vgl. HW III, 139). Seine politischen Grundsätze und seine methodischen Griffe entstammen sämtlich seinem Leib und rechnen mit einem Volk, das bei Strafe eigenen Untergangs ihm selbst sehr ähnlich sein sollte. »Warum«, fragt er Mattukat, »machen Sie / den Kommunismus niemals mit den Klugen?« – »Unsichere Leute« (HW III, 142), antwortet der ihm. Unsicher sind sie, weil sie zu viel von ihrem Fach verstehen, um nicht oft genug auch zu glauben, daß sie auf dem Feld der Politik als Fachleute urteilen können. Sie sind gewohnt, recht zu haben, und in dieser Haltung zumeist festgewachsen. Man trifft unter Akademikern kaum in dem Maße tiefere und begründetere Meinungen über Politik als unter einfachen Leuten. Diese wie jene verstehen von Politik kaum mehr, als sie von ihrem sozialen Ort aus begreifen können. Daß die »klugen Leute« aufgrund ihres größeren Erkenntnisvermögens eigentlich viel mehr als die gewöhnlichen Leute in der Pflicht sind, ihr mit ihrem sozialen Ort verbundenes partikulares Bewußtsein zu durchbrechen, ändert ja nichts an der Tatsache, daß sie es mehrheitlich – und das ist zu keiner Zeit anders – nicht tun. Im Gegenteil bedingt die gesellschaftliche Sonderstellung der Intellektuellen auch bestimmte Sonderinteressen, die sie aufgrund dessen, daß ihr spezielles Können ihnen gesellschaftliche Macht verleiht, leichter durchsetzen können. Die Vorstellung, Intellektuelle hätten anders als Arbeiter, Händler oder Landwirte keine Sonderinteressen, ist reichlich naiv. Einfache Leute sind aber gewohnt, belehrt zu werden; sie halten sich eher aus dem raus, von dem sie nichts verstehen, und folgen den tagespolitischen Vorgaben. Es ist also viel weniger Borniertheit als echtes Kalkül, wenn Politiker – und auch das gilt für die heutigen ebenso wie für die der sozialistischen Gesellschaft – den »klugen Leuten« ein gewisses Mißtrauen entgegenbringen und statt dessen auf das Mittelmaß bauen. Hinzukommt, daß Tassows Vorschlag, den Kommunismus mit den klugen Leuten zu machen, ohnehin nicht realisierbar wäre. Gesellschaftliche Veränderungen lassen sich einmal nur mit den Menschen umsetzen, die da sind:

> *Überhaupt keine menschliche Einrichtung, auch die erhabenste nicht, ist zu bestehen fähig, die etwa auf hervorragender Eignung ihrer Mitglieder beruhte: Begabung kann nicht Voraussetzung von etwas Wirklichem sein. Jeglicher Weltentwurf, der zu seiner Durchführung eine besondere Art von Leuten erfordert, sollte lieber gleich fallen gelassen werden, ehe noch das Unglück angerichtet ist.*
> (HW XV, 172)

Da man Talent den Menschen nicht eintrimmen kann, bleibt Tassow bei seinem Entwurf nur die Resignation, doch gewiß nicht die fröhliche. Besonders deutlich wird das in der Johann-Meusel-Szene. Die Kommune hat sich als lebensunfähig erwiesen; Tassows Versuch, das Leben der Gargentiner einzurichten, ist gescheitert. Er, der das immerhin bemerkt, sucht den Fehler allerdings nicht bei sich oder in seinem Entwurf, sondern im einzigen, das er nicht ändern kann – in den Menschen, mit denen er die Einrichtung betrieben hat:

> *An meiner Einrichtung ist nichts zu tadeln; wieso ist, in meiner äußerst vernünftigen Einrichtung, der Widersinn so mächtig? Es muß an den Leuten liegen, ja da liegt der Hase im Pfeffer: die Leute. Politik geht überhaupt nur ganz ohne Leute.*
> (HW III, 174)

Die Leute aber, d.h. ihr Vermögen, groß, stark oder klug zu sein, sind selbst Teil dessen, was man Bedingungen der Wirklichkeit nennt. Wer ernsthaft Politik betreiben will, muß berücksichtigen, was die Leute, mit denen und für die er Politik betreibt, zu schaffen und zu ertragen in der Lage sind. Tassow ignoriert das, und diese Ignoranz schlägt, sobald sein Scheitern offenbar wird, unmittelbar in Desinteresse an der Durchsetzung der Politik um. Erst wollte er den Sozialismus mit den Klugen machen, jetzt will er ihn ohne die Menschen. Es ist eine der Lehren des Stückes, daß beide Vorstellungen im Grunde denselben Inhalt haben. Der Umschlag ins Negative ist folgerichtig; der Fehler liegt tiefer und früher: Tassow, der mit Leidenschaft Politik betreibt, ist an Politik im Grunde nicht interessiert; sie ist für ihn kein eigenes Problem. Wie Columbus reicht es ihm, ein Problem durchschaut, d.h. es in seiner theoretischen Form begriffen zu haben. Weiter will er nicht denken. Seine Lösung ist folglich eine Kommune, die hervorragend funktionierte, wenn die Bedingungen ideal wären. Also funktioniert sie nicht. Und das Widersinnige an Tassows Verhalten ist, daß er, der gerade auf ein Mehr an Vergesellschaftung hinauswill, in dem Moment, da er sieht, daß dieses Mehr nicht zu machen ist, sich in das ganze Gegenteil der Vergesellschaftung wendet und in den privaten Hochmut des Höherbegabten zurückzieht. Szenisch untermauert sich dieser Regreß in der Intonation des Lieds »Johann Meusel«. Als Tassow an die Rampe tritt und das Orchester anhebt, unterbricht er es: »Ein Genie braucht kein Orchester« (HW III, 174), und spielt das Lied allein.

3. Ein Gespräch im Hause Stein

»Eröffnung« und »Tassow« beschäftigen sich mit dem einzelnen Genie, wie es sich in der Gesellschaft und gegen sie verhält. Von Columbus und Mattukat führt eine direkte Entwicklung hin zu Hacksens Monodram »Ein Gespräch im Hause Stein über den abwesenden Herrn von Goethe« (1974), das sich demselben Thema widmet. Die Besonderheit dieses Stücks liegt allerdings in seiner Perspektive. Weil der Leser alles, was er erfährt, durch den Blick der einzigen redenden Person auf der Bühne, der Frau von Stein, aufnimmt, ist die Frage, die das Stück vorderhand beantwortet, nicht die, wieviel Gesellschaft das Genie, sondern die, wieviel Genie die Gesellschaft verträgt. Columbus, Tassow, Mattukat und auch der Herzog Ernst haben, anders als Goethe, Gelegenheit, ihr Tun auf der Bühne zu rechtfertigen, ihre Grundsätze und ihr Kalkül zu formulieren. Hieraus war es Hacks möglich, die zwei Leitmotive, das der fröhliche Resignation und das der Asozialität des Genies, zu gestalten. Die Frage indes, wieviel Genie die Gesellschaft vertrage, wird in besagten Stücken fast durchweg *dramatisch* vermittelt. In der »Stein« nun macht sie die ausschließliche Perspektive und den Inhalt der Rede aus. Wenn wir die andere Perspektive, die des Genies, darin wiederkennen, dann nur, weil wir sie schon kennen. Wir erkennen in Charlottes Rede den jungen Goethe wieder, der in der Stimmung des Sturm und Drang lebt: »[U]nglücklicherweise hatte dieser neue Günstling, abgesehen von seinen Gaben, nichts, was einen Mann zum Fortkommen tauglich macht« (HW V, 102); er »schwor und lästerte gegen alles Bewährte« (HW V, 103); die »Schöpfung [...] war ihm nicht vollkommen genug. Er hatte nämlich vor, in Sachen Welt ein schnelleres Tempo einzuschlagen als sein Schöpfer« (HW V, 103); er war ein »Flegel aus Philosophie« (HW V, 104). Auch seine Hinwendung zur Klassik, die fröhliche Resignation, erkennt man, obgleich eigenartig verkürzt und durch Charlottes Blick verzerrt, wieder: »Ich bemerkte Zeichen von Einverständnis mit der Welt an ihm« (HW V, 146), und:

> *Goethe hatte eingesehen, daß er den Bauplan der Welt nicht nach seiner Vorstellung einrichten konnte. Es war also folglich die Reihe an ihm, sich einzurichten, aber daran dachte er zu meiner Überraschung nicht eine Sekunde. Er ließ die Welt Welt sein und blieb, der er war.*
> (HW V, 105)

Das Stück zeichnet die Entwicklung des Verhältnisses von Charlotte und Goethe nach, in dem Charlotte für die Gesellschaft und Goethe, natürlich, für das Genie steht. Die Formel, die den Quell aller Spannungen zwischen beiden Figuren beschreibt, lautet: Charlotte ist außengeleitet, Goethe innengeleitet. Er bezieht alle Kraft aus seiner Begabung, sie allen Mut aus ihrer gesellschaftlichen Stellung. Er entnimmt den Maßstab für gut und schlecht, richtig und falsch, schön und häßlich seinem Innersten, sie all das ihrer Umgebung. So, in dieser Dualität gegeneinander gesetzt, besitzen sie eine gewisse Rechtsgleichheit. Was Charlotte fehlt, besitzt Goethe, und was Goethe fehlt, besitzt Charlotte. Aber hierbei bleibt das Verhältnis nicht stehen. Es gilt nur, solange Goethe dem Genie-Begriff des Sturm und Drang gerecht wird, er näherte sich aber in der Zeit seiner Bekanntschaft mit Charlotte der klassischen Haltung, und damit wird die Hofdame überflüssig. »Die Sache«, schreibt Hacks, der auch hierfür eine Formel parat hat, »brachte Goethe weiter und machte die Stein fertig« (HW XV, 202). Daß sie, die ihm gewiß auf diesem Wege hilfreich war, überflüssig geworden ist, macht die Tragik dieser Figur aus. Sie selbst gesteht der Frau der Weimarer Gesellschaft, also sich, »kein Verdienst [zu] außer dem, als ein Muster des Geziemenden ins gemeine Leben zu glänzen«. Doch Goethe besitzt nunmehr alles, was er braucht: Begabung als auch, »was einen Mann zum Fortkommen tauglich macht« (HW V, 102). Das Problem Charlottes ist aber, daß sie diesen Vorgang nicht wirklich begreift. Wo Goethe fröhlich resigniert – und wir haben bei Mattukat und Columbus gesehen, welche geistige Tragweite, welche tiefe Einsicht und Lebensklugheit mit diesem Schritt verbunden sind – sieht Charlotte nur »Maskerade« (HW V, 107), haben für sie »seine berühmten Verwandlungen [...] nicht stattgefunden« (HW V, 105). Sie klagt:

Ich habe die äußerlichen, die gossenhaftesten Unarten mit unendlicher Beharrlichkeit beseitigt. [...] Aber die ihnen zugrunde liegende Unart – jenes jedes menschliche [...] Herz so tief beleidigende Selbstgefühl – habe ich nicht beseitigen können. [...] Er war ein Lump; ich erzog ihn; jetzt haben wir einen erzogenen Lumpen: ein Genie.
(HW V, 108)

Held und Menge

Indem Charlotte das Genie als erzogenen Lumpen definiert, hat sie auf eine gewisse Weise recht. Erzogenheit gehört zum Begriff des Genies, aber es gibt doch einen Unterschied zwischen einem Genie und einem Buchhalter. Erzogenheit allein erzeugt nichts Großes; es bedarf eines Stoffs, in dem das Vermögen zur Größe angelegt ist. Genie im klassischen Sinne ist die gebändigte Gewalt, das in Form gebrachte Chaos, die Anarchie, dem Gesetz unterstellt. Der berühmte Ausspruch Albert Einsteins, daß das Genie das Chaos beherrsche, ist viel wahrer, als sein Urheber wohl ahnte. Man muß nur die Betonung richtig setzen: Das Genie *beherrscht* das Chaos. Um allerdings das Chaos zu beherrschen, bedarf es zunächst des Chaotischen, der Inspiration. Hacks spricht vom »Anarchisten, den jeder Schriftsteller natürlich in sich trägt« (HW XIII, 418). Daß die fröhliche Resignation nicht nur eine Haltung von außerordentlichem Realismus ist, sondern dieser Realismus auch außerordentlich hart erkämpft sein muß, versteht sich kraft der Bestimmungen, die mit dem Begriff des Genies bei Hacks gegeben sind. Wenn Genie die Fähigkeit ist, »den eigenen Weltzustand als fremden zu begreifen und mithin die Tatsachen, die von der Menge für allgemeingültig hingenommen werden, als Stellen innerhalb eines Feldes von Möglichkeiten zu orten« (HW XIII, 203f.), dann ist Überschätzung der Möglichkeiten seiner Umwelt, wie wir auch anhand von Tassow und Columbus sahen, eine Art Kinderkrankheit des Genies. Die fröhliche Resignation ist die Überwindung dieser Weltfremdheit, in die das Genie sich aufgrund seiner besonderen Anlagen immer wieder zu verlieren droht. Aber die Überwindung der Weltfremdheit ist keineswegs eine Annäherung an die gewöhnliche Haltung seiner Umwelt. Die nämlich, das Beispiel Charlottes zeigt es, ist nicht imstande, über das bloß Bestehende hinaus zu denken. Deren Realismus ist bloß Pragmatismus und also keine Leistung. Nur wer zum Möglichen ein derart intimes Verhältnis besitzt wie das Genie, kommt überhaupt in die Lage, genauer: in die Zwangslage, es ins rechte Verhältnis zur Wirklichkeit setzen zu müssen. Entsprechend schreibt Hacks 1964:

Ein Gespräch im Hause Stein

Die meisten Leute halten einen Zustand für billigenswürdig, weil er besteht. Sie beurteilen das Muster der Dinge und ändern an ihm herum, aber sie tun es nach Maßgabe seiner eigenen jeweiligen Gesetze; solches Urteilen ist Beipflichten, solches Ändern Festigen. Nur wenige haben die Gabe, die vorhandene Welt, denkend oder fühlend, mit der möglichen Welt zu vergleichen und sie in ihrer abscheulichen Unvollkommenheit zu begreifen. Ihre Kategorien sind nicht von dieser Welt; so haben sie es schwer, sich wirksam oder nur verständlich zu machen. Man nennt sie Genies, und sie sind nicht überflüssig.
(HW XV, 146)

Und 1991, in einer gesellschaftlichen Lage, da Wirklichkeit und Ideal in schroffe Entgegensetzung geraten sind:

Genie ist die Fähigkeit, die Dinge zu betrachten, wie sie sind, und nicht, wie gesagt wird, daß sie seien. Genie ist die Neigung zu der Annahme, daß der Weg, den die Allgemeinheit einschlägt, wahrscheinlich der falsche ist.
(HW XIV, 455)

Wir hätten demnach im Fall der »Stein« drei Dinge zu unterscheiden: das unerzogene Genie, das erzogene Genie und das wohlerzogene Nicht-Genie. Das unerzogene Nicht-Genie wäre, wenn wir ehrlich rechnen, noch hinzuzuzählen, aber da das Stück von Goethe handelt, ist es hier außer Betracht. Es unterscheiden sich der reife Goethe und seine Erzieherin aber nicht allein darin, daß der eine Genie besitzt und die andere nicht. Auch die Erzogenheit ist eine andere. Wo die Zeitgenossen in einfachem Opportunismus verharren oder nicht über das vom Zeitgeist Gegebene hinausgehen, ist von vornherein auch kein Kampf zwischen Ideal und Wirklichkeit möglich. Um die Maßlosigkeit der Ideale zu bändigen, ihnen also ihren Platz im Leben zuzuweisen, muß man erst einmal welche haben. Charlotte begreift somit, weil sie

Held und Menge

Goethes Entwicklung durch die Perspektive der Hofdame sieht, am Prozeß der Vermittlung von freiem Willen mit der Einsicht in Notwendigkeiten, von Inspiration mit Form, nur das Äußere: daß einer, der vormals nach eigenen Regeln spielte, sich endlich den gesellschaftlichen Konventionen unterordnet. Da sie aber spürt, daß da immer noch jene innere Andersartigkeit ist, die Goethe zum Genie macht und ihn von ihr unterscheidet, ist die Sache für sie bloß Maskerade. Das Genie reduziert sich bei ihr darauf, daß es stört.

Der große Mann, wir erinnern uns, ist ein öffentliches Unglück. Charlottes fünfaktige Rede zeigt genau an, was die Gesellschaft am Phänomen Genie stört. Zugleich ist sie sich ihrer Lage viel klarer und verfügt über viel präzisere Ausdrucksformen, als sie es, authentischerweise, ihrer Lage nach dürfte. Aus diesem Grund erfahren wir von ihr, was wir von einer wirklichen Hofdame Weimars kaum erfahren hätten:

Jeder verabscheut seine dreiste Weise, Vorrechte zu beanspruchen, solche, die ihm um seines Verdienstes willen zustehen, und solche, die er nur hat, weil er sie beansprucht.
(HW V, 100)

Natürlich ist diese Abscheu nicht ganz unberechtigt. Dem Genie Vorrechte zuzuteilen, wird allzuleicht zur Gewohnheit. Die Angst, daß diese Vorrechte sich zu einem Unrechtsverhältnis summieren – oder bereits Unrecht sind –, die Angst also, daß das Genie die Macht, die es kraft seines besonderen Könnens besitzt oder darüber hinaus zugeteilt bekommt, für seine Vorteile und zum Nachteil der Gesellschaft ausnutzt, ist so berechtigt, wie sie natürlich ist, wenn man der minder begabten Menge angehört. »Aber man weiß zugleich«, fügt Charlotte hinzu, »er ist unentbehrlich. Ohne ihn sind wir nichts« (ebd.). Daß das Genie unentbehrlich ist, daß jede Gesellschaft Genies braucht, entschärft natürlich an dem Unglück, das die Genies gesellschaftlich bedeuten, überhaupt nichts; es macht es im Gegenteil schlimmer. Das Störende liegt jedoch nicht allein darin, daß die Mitmenschen die Macht fürchten, die der geniale Einzelne besitzt. Das Genie mag sich noch so leutselig geben, es mag noch so sehr sich in den Dienst der Öffentlichkeit stellen oder durch Restriktionen in seiner Macht behindert sein, es erinnert die gewöhnlichen Menschen durch seine bloße Anwesenheit und das bloße Vollbringen seiner Taten unablässig daran, daß sie selbst nicht herausragend sind. »Der Herzog«, sagt Charlotte, »beleidigt durch Entgleisungen. Goethe beleidigt, indem er ist« (HW V, 100). Wenn also, wie im Fall von Columbus und Mattukat, demonstriert wird, daß das Genie seine Asozialität zu durchbrechen vermag, indem es gleichsam aus sich heraustritt und selbst seinen eigenen Standort als nur einen unter verschiedenen gesellschaftlichen Orten in das Gesamt des gesellschaftlichen Gefüges einzuordnen weiß, so bleibt es doch trotzdem ein Ärgernis für die Gesellschaft. Derart gleicht das Genie einem Gott auf Erden, doch:

Götter werfen ihre Schatten auf unsere Welt, aber ein recht gutes Gefühl für Stimmigkeit verbietet ihnen, zwischen uns zu wandeln. Wir verehren sie, wofern ihre Erhabenheit durch Vergangensein oder Entfernung abgemildert ist, – um mit uns zu leben, reichen ihre Manieren nicht hin.
(HW V, 120)

Dieser Satz ermöglicht einen interessanten Seitenblick auf den Hacksschen »Amphitryon« (1967), in dem Hacks offenkundig das nämliche Problem gestaltet hat. Dort ist es in der Tat ein Gott, der vom Olymp herabkommt und den Alltag der Menschen durcheinanderbringt. Dieser Gott, notiert André Müller anläßlich eines Gesprächs mit Peter Hacks, »ist als die Vollkommenheit selber aufgefaßt. Hacks: ›Natürlich stört er da, vor allem unvollkommene Verhältnisse, aber andererseits ist er auch ein Beispiel‹« (GmH, 18). So weiß Jupiter auch von Beginn an, daß sein Eingriff in die irdische Welt nicht von Dauer sein kann. Und er erkennt auch, daß er Alkmene und Amphitryon so nicht zurücklassen kann. Die Unversöhnlichkeit des hohen Anspruchs mit der schäbigen Realität bedarf der Vermittlung. Aber als Jupiter diese Vermittlung herstellt, ist er bereits aus seiner Rolle als Störenfried herausgetreten, er ist wieder ganz der Gott vom Olymp, seine Vollkommenheit durch »Entfernung abgemildert«.

IV. HELD UND HELDEN

Die bislang behandelten Stücke haben den Widerspruch von Leistung und Demokratie in Form des allgemeinen Verhältnisses von Genie und Gesellschaft gefaßt. Diese strenge Gegenüberstellung von Einzelheit und Allgemeinheit, des begabten Einzelnen und der minder begabter Mehrheit, ist zugleich konkret und abstrakt. Konkret, indem sich der Gegensatz in zahllosen Einzelbeziehungen zeigt und als ganz alltäglich erweist. Abstrakt, indem das bloß anthropologische Verhältnis von den historischen Umständen absieht, die – wie immer sie im einzelnen aussehen mögen – stets gegeben sind und die Verhältnisse der Menschen mitprägen. Das reine Genie wird in der Wirklichkeit genauso wenig angetroffen wie die reine Gesellschaft; kein Mensch ist außer der Geschichte, jede Gesellschaft besitzt Strukturen, aus denen – bzw. die durch – besondere Bewegungsformen erzeugt werden. So unterteilt sie sich in bestimmte Gruppen, die kraft der Eigenschaften ihrer Mitglieder und der Art ihrer Einrichtung bestimmte Zwecke verfolgen und Funktionen ausüben. Man kann diese Gruppen Klassen nennen, aber in dieser rein ökonomischen Bestimmung geht nicht jede Art von gesellschaftlicher Struktur auf. Es gibt neben ökonomischen auch soziale, kulturelle oder politische Strukturen, aber alle diese – und das liegt bereits im Begriff der Struktur, der eine Gleichartigkeit aller Teile nicht zuläßt – sind in sich verschieden, und diese Unterschiede bestehen eben in der Bildung größerer Gruppen von Menschen. Auch der Leistungsträger ist nicht so sehr eine singuläre Erscheinung, daß er keiner Gruppe zuzuordnen wäre. In der Sphäre der gesellschaftlichen Strukturen ist er mindestens dem Stand der Leistungsträger zuzuordnen, der sich geschichtlich natürlich in verschiedenen Formen zeigt. Indem der Leistungsträger nicht nur als Einzelner, sondern auch als Vertreter seines Standes erscheint, gewinnt das Verhältnis von Leistung und Demokratie eine gesellschaftlich-strukturelle Form, die Peter Hacks in seinem dramatischen Werk ebenfalls widergespiegelt hat und der wir im Denken des Dichters vor allem als Verhältnis von Parteiapparat und Spezialisten begegnen. Wenn wir im folgenden die bloß anthropologische Betrachtung verlassen werden und die Sphäre der historisch-konkreten Beziehungen betreten, dann zunächst aber durch einen Zwischenschritt. Vom abstrakten Verhältnis des einzelnen Leistungsträgers und einer allgemein gefaßten Gesellschaft zum nicht minder abstrakten Verhältnis des Stands der Leistungsträger mit der sich ihm gleichfalls in ständischer Form entgegensetzenden Gesellschaft ist es ein großer Sprung, der am besten vermittelt wird, indem zwei Stücke von Peter Hacks betrachtet werden, in denen zwar die historisch-konkrete Sphäre schon gegenwärtig ist, die aber dennoch vor allem vom Genie handeln, genauer: vom einzelnen Leistungsträger im Verhältnis zu seinem eigenen Stand. Die Stücke sind »Omphale« (1969) und »Die Binsen« (1981). Da in den »Binsen« Stoff- und Bedeutungsebene zusammenfallen, das Gemeinte und Dargestellte also dasselbe sind, ist es sinnvoll, die chronologische Folge der Stücke zu verlassen, um durch die Erläuterung des deutlicher am Tage liegenden Gehalts der »Binsen« den mythisch verschlüsselten Gehalt der »Omphale« besser faßbar machen zu können.

1. Die Binsen

Wir haben gesehen, in welchen gesellschaftlichen Bereichen Hacks seine Genies oder Leistungsträger gefunden hat. Columbus ist ein naturwissenschaftlich-technisches Genie, Mattukat ein politisches, Goethe ein künstlerisches. In seinem Drama »Die Binsen«

(1981) läßt Hacks nun in einem weiteren gesellschaftlichen Bereich einen Leistungsträger auftreten, in der Wirtschaft. Die Heldin des Stücks, Justine, ist Hauptabteilungsleiterin eines Handelskontors in der DDR. Sie ist in ihrer Arbeit überaus erfolgreich und damit naturgemäß ein gesellschaftliches Ärgernis. Ihr Kollege Greffel, ebenfalls Hauptabteilungsleiter, sagt zu ihr: »Sie sind, wie ich sein möchte. Aber so, wie ich sein möchte, möchte ich nicht sein« (HW VI, 197). Infolge eines besonders verwegenen, aber auch besonders erfolgreichen Deals, den Justine mit dem argentinischen Kaufmann Aron Kisch ausgehandelt hat, versetzt Olim, der Direktor des Kontors, sie in die Hauptabteilung Schriftverkehr, was einer Degradierung gleichkommt, da sie so von der Aufgabe abgezogen ist, die sie besonders gut kann: Handel zu treiben mit ausländischen Geschäftspartnern. Justine reagiert auf diesen Beschluß mit Entsagung; sie kündigt und fährt zu ihrer Schwester Helma in die Heide. Dort aber ist alles auf die gleiche Weise schlecht bestellt wie im Kontor. So verbringt etwa Helma ihre Zeit darin, mittels unzulänglicher Methoden minderwertige Binsenkeramik zu fertigen (vgl. HW VI, 219). Ihr Gefährte Konrad Erdschlipf, wohl eine Anspielung auf den politisierenden und philosophierenden Chemiker Robert Havemann, ist ein »der Gesellschaft feindliche[r] Professor« (HW VI, 208), der, Emerit und Eremit, in der Heide sein Leben verbringt, dort ausschließlich Abhandlungen über Gegenstände verfaßt, von denen er nichts versteht und als Grund dafür seine zutiefst empfundene demokratische Überzeugung angibt: »Über Gegenstände aus dem eigenen Fach zu handeln, [...] zeugt von Beanspruchung von Vorrechten und Stolz gegen die Überzahl« (HW VI, 219f.). Wie im Kontor ist auch in dieser Einöde die Faulheit das regierende Prinzip, nur daß die Gammelei hier direkt ins Auge fällt:

HELMA *In der Stadt [...] strengen sich alle immer an.*
JUSTINE *Ich kenne genug, die nichts tun.*
HELMA *Aber wie sie sich dabei anstrengen.*
                                            (HW VI, 221)

Die Binsen

Der Erkenntnis teilhaftig, daß auf dem Land die Gammler ebenso vorherrschen wie in der Stadt, daß also beide Lebensweisen nur dem Augenschein nach voneinander verschieden sind, beschließt Justine, wieder mitzuspielen. Sie kehrt zu ihrer Arbeitsstätte zurück, wo man inzwischen erkannt hat, daß man sie braucht. Das Unrecht, das man ihr zugefügt hat, ist für Justine kein hinreichender Grund auszuwandern oder sein Glück in der Entsagung zu suchen: »[W]as es einem immer antut, an seinem Vaterland kann man sich nicht rächen« (HW VI, 267).

Offenkundig ist das Hauptthema der »Binsen« der Widerspruch von Leistung und Demokratie. Hacks, der diesen Widerspruch in besonderer Weise auf die sozialistische Gesellschaft bezieht (vgl. FR, 23), entnimmt für dieses Drama sogar den Stoff selbst dieser Gesellschaftsform.[20] Allerdings befindet sich der Sozialismus, der im Stück abgebildet ist, bereits in gehöriger Schieflage. Der Chor der Binsen, vielleicht inspiriert – man denke auch an die Nebelszenen (vgl. HW VI, 234–246) – vom Chor in den »Wolken« des Aristophanes, weist deutlich auf die Niedergangsthematik hin. Um die Metapher der Binsen ganz zu verstehen, muß man sich eine bestimmte Seite des Natur-Begriffs bei Hacks vergegenwärtigen, nämlich das Verhältnis der Natur zur Gesellschaft bzw. die Tauglichkeit der Natur, als Sinnbild für die Gesellschaft herzuhalten. In einem erstmals 1974 veröffentlichten Gedicht, »Als ich kam durchs Oderluch«, zeichnet der Dichter ein Bild der Natur, das dem der »Binsen« ähnelt. In den drei Strophen werden drei Fahrten des lyrischen Subjekts durch die Luchlandschaft an der Oder beschrieben, die zugleich Etappen der Veränderung dieser Landschaft markieren. In der ersten Strophe wird die noch unberührte Natur beschrieben; aber sie ist keineswegs malerisch, traumhaft oder harmonisch:

Als ich kam durchs Oderluch,
Weiden und saures Gras,
Unken schrein im Schierlingskraut,
Bruder, so war das [...]

(LBG, 63)

Held und Helden

In der zweiten Strophe kehrt der Dichter wieder und erblickt im Tal versperrte Wege, »Bagger und Planierraupen, / Gräben im Quadrat«. Die Kultivierung der Moorlandschaft hat begonnen, aber die Landschaft bietet zunächst kein viel angenehmeres Bild als zuvor. So kehrt der Dichter ein drittes Mal zurück:

> *Komm ich heut durchs Oderluch,*
> *Singen die Mädchen im Korn,*
> *Hinten, wo die Sonne sinkt,*
> *Und am Wege vorn* […]
> (ebd.)

Die Lage ist eindeutig, und der Beobachter von einer erfrischenden Entschiedenheit. Mit dem Verschwinden der wildwuchernden Natur durch die kultivierte Landschaft verschwindet das Unangenehme und weicht dem Angenehmen. Was in der Lyrik noch als gattungsbedingte Subjektivität durchgehen könnte, äußert Hacks 1984 in essayistischer Klarheit:

> *Überhaupt ist das Weben in der Natur keine sehr gute Entsprechung für die Verkehrsformen der Menschen, jedenfalls seit Erfindung des Staates nicht. Schon Shakespeare zieht vor, die Ordnung des menschlichen Zusammenlebens mit einer künstlichen Natur, dem Garten, zu vergleichen. Auch später im Imperialismus, wo das scheinbar Regellose aller Beziehungen wie ein unbeherrschbarer und unbeherrschter Wildwuchs sich darstellen mag, erscheint die Brechtsche Metapher von der Niederlage des Individuums im seelenverschlingenden Dschungel mehr eindrucksvoll als erkenntnisträchtig.*
> (HW XIV, 178)

Zumindest in ihrer Beziehung aufeinander stehen Natur und Gesellschaft bei Hacks in einem deutlichen Gegensatz: die Natur als das Ungeregelte und die Gesellschaft mit ihrer staatlichen Ordnung. Indes weist das Lob Shakespeares (»Richard II.«) und der verhaltene

Tadel Brechts (»Im Dickicht der Städte«) auf die Trefflichkeit der Garten-Metapher hin. Der Garten ist dem Stoff nach Natur, der Form nach Gesellschaft. Die Form muß geschaffen und erhalten werden. Wird sie nicht erhalten und zieht der Staat sich von der Regelung der Gesellschaft zurück, nimmt der Garten auch in der Form Eigenschaften der reinen Naturerscheinung an (obgleich in ihm, wie Hacks meint, auch dann noch Regeln wirksam bleiben). Im selben Jahr 1984 verfaßte Hacks den Roman »Liebkind im Vogelnest«, in dessen Mittelpunkt der Kampf zweier Gärten steht. Der große Garten, in dem die Ordnung wohnt, muß seine Existenz gegen die Angriffe des liederlichen Garten Sudelgard verteidigen. Derart verkörpern die beiden Gärten – abgesehen davon, daß sie als Metapher für den Systemkampf zwischen Sozialismus und Imperialismus stehen – auf der einen Seite den Zustand der Gesellschaft, wie sie ihrem Zweck nach sein muß, und auf der anderen den Zustand einer Gesellschaft, die in den Naturzustand zurückgefallen ist. Etwas ganz ähnliches passiert nun in den »Binsen«. Die Heide ist »ist nichts als da« (HW VI, 211); die Binsen sind allgegenwärtig: »[H]ier wächst nur, was wächst, wo nichts wächst« (HW VI, 214). Sie dienen, um »anzuzeigen, daß die Welt zu Ende ist« (HW VI, 226) und begrüßen, in schöner Reminiszenz ans Oderluch »[a]us sauren Löchern tretend«, die Aussteigerin Justine in der Heide, der idealen Landschaft der Faulheit:

Die du der Welt entrannst und Weltbegier,
Dir sei Geleit. Tritt ein in unsere Reihe,
Wir führen dich, und raschelnd, in das Freie.
                              (HW VI, 214)

So stehen die Binsen für das Unkultivierte schlechthin, für das bloß Natürliche, das ungeformt und unbearbeitet Vegetierende: »Wo sich Natur durch Armut selber reinigt« (HW VI, 249), und bilden damit natürlich einen schroffen Gegenentwurf zum Prinzip der Leistung, das ohne Affirmation des Begriffs der Arbeit, der Kultivierung der Welt, nicht denkbar ist. Und wenn es von der

Heide heißt: »[H]ier ist nichts, hier wird nichts, und hier ist nichts zu tun« (HW VI, 210), dann ist das für einen Menschen wie Justine, dessen ganze Lebensweise auf das Tätigsein gerichtet ist, eine vernichtende Aussicht. Entsprechend trostlos ist auch das Ende des Stücks. Als die Heldin sich entschließt, der Entsagung zu entsagen, steigen die Binsen mit ihr in den Zug nach Berlin.

Die Niedergangsthematik bleibt auch für die Gestaltung des Widerspruchs von Leistung und Demokratie nicht ohne Konsequenzen. Die übergeordnete Gerechtigkeit, die beide Seiten zu ihrem Recht kommen läßt und damit zugleich beide in die Schranken weist, geht in dem Stück verloren. Wo im »Tassow« noch ein Mattukat die Vermittlung von Genie und Gesellschaft – und das durchaus nicht als Privatperson, sondern als Vertreter der Staatsmacht – zugleich bewirkte und bedeutete, fehlt in den »Binsen« eine solche Instanz. Das Stück erhält damit eine Schlagseite gen Leistung. Justine erscheint als alleinige Inhaberin des Rechts, ihre dramatischen Gegenspieler sind nicht annähernd auf ihrer Höhe.

Der Grund dieser Verschiebung liegt offenkundig in der Entstehungszeit des Dramas. Woran die DDR in ihrer letzten Periode wirtschaftlich litt, war sicher nicht die Abwesenheit des demokratischen Prinzips. Die innerbetriebliche Demokratie, der Einfluß der Gewerkschaften war höher, als in Hinblick auf das rationelle Wirtschaften sinnvoll war. Die erhöhte Konsumtionsrate ging zulasten von notwendigen Investitionen, die somit ausblieben oder durch langfristig belastende Kredite finanziert werden mußten. Weitreichende und hohe Subventionen machten ein Preissystem unmöglich, in dem das Verhältnis, das die Waren im Wertmaßstab zueinander besaßen, ausgedrückt werden konnte, womit der Vergleich der Arbeitsleistung ebenfalls unmöglich wurde. Die Sozialleistungen waren hypertroph, Rationalisierung in den Betrieben häufig genug ein Tabu, der Wettbewerb zwischen verschiedenen Betrieben desselben Produktionszweiges weitgehend verhindert. All das war sicher im Sinne einer humanen Form des Wirtschaftens wünschenswert. Es sorgte für niedrige Preise, sichere Arbeitsplätze und überhaupt für ein Arbeitsleben, das nur dem anstrengend wurde, der es sich selbst anstrengend machte. Doch all das führte, nicht überhaupt, aber durch den Umfang, in dem es betrieben und geduldet wurde, zu Mißwirtschaft und zur Gammelei als struktureller Erscheinung.[21] Und dementsprechend, daß diese Zustände ihre Wurzel im Vorherrschen des demokratischen Prinzips haben, richten sie sich auch gegen die Leistungsträger. Bereits 1977 hatte Hacks geäußert:

Das Grundübel ist, man hat es bis heute nicht verstanden, die allgemeinen Interessen der Menschen und ihren Egoismus zu verbinden, was Ulbricht immerhin versucht hat. Daran krankt alles. Der nun vier Jahre dauernde Kampf Honeckers gegen die Ulbricht-Politik mit den blöden, gleichmacherischen Tendenzen, den sie jetzt wieder beenden wollen, hat die schlimmsten Folgen gehabt. Das waren vier Jahre Kampf gegen alles, was wirkliche Intelligenz in diesem Lande besitzt, und das hat alles verschlimmert: Der Fisch fault nun einmal zuerst am Kopf.
(GmH, 158)

Diese Zustände vorausgesetzt, erklärt sich vielleicht, warum Hacks eine Vermittlung zwischen Leistungsträger und Gesellschaft in den »Binsen« herzustellen nicht bereit war, daß die Königsebene, was in diesem Fall die zentrale Wirtschaftsplanung des Staates hätte sein müssen, nicht nur ungestaltet bleibt, sondern auch als Hintergrund der Handlung nicht spürbar ist. Es ist gut möglich, daß derart entfaltete und weitläufige gesellschaftliche Beziehungen sich aus Gründen der dramatischen Einheit und Anschaulichkeit auf der Bühne nicht darstellen lassen, aber wenn man etwa Hacksens »Margarete in Aix« ins Auge faßt, so wird doch deutlich, daß ein auf der Bühne nicht auftretendes Prinzip (in diesem Fall der Absolutismus Ludwigs XI.) sehr wohl als Hintergrund der Handlung präsent sein kann und so ziemlich alle Handlungen, die auf der Bühne stattfinden, mit beeinflußt und in einen Rahmen stellt. In den »Binsen« fehlt ein solches alles umfassendes Prinzip. Daß das Kontor im Zusammenhang einer sozialistischen Planwirtschaft sein Geschäft betreibt, ist dramatisch nicht erkennbar, und wenn nicht einige Figuren gelegentlich über die Ideale des Sozialismus redeten, könnte man es auch gut für einen Privatbetrieb halten. Auch innerhalb des Kontors fehlt die Königsebene, die den Widerspruch zwischen Leistung und Demokratie vermitteln könnte, denn der Direktor Olim, dem diese Rolle zufiele, macht sich die Position der Demokratie vollständig zueigen und vertritt nicht den Geist des Ganzen, sondern den der Mehrheit. Auf der anderen Seite steht Justine allein, und auch ihre Haltung bezeugt die Verschiebung in der Gestaltung des Widerspruchs. War bislang der Leistungsträger, was sein gesellschaftliches Verhalten angeht, vom Dramatiker Hacks immer auch selbst problematisiert worden, so wird Justines Position hier eigentlich kaum zum Problem gemacht. Daß in der Verselbständigung durch Leistung eine echte Gefahr für die Gesellschaft liegt, daß das Leistungsprinzip dem Prinzip der Vergesellschaftung zuwiderläuft, wird zwar dramatisch gestaltet, aber aus der Schieflage der damals gegenwärtigen Wirtschaftspolitik scheint eine gewisse Parteilichkeit des Autors für die Heldin Justine gewachsen zu sein, was natürlich der Pflicht des Dramatikers zur Objektivität nicht Genüge tut. Das Stück handelt somit nicht von der Notwendigkeit einer Vermittlung zwischen Leistung und Demokratie, es handelt von der Notwendigkeit der Leistungsträger. Justine ist eine »unverhohlen positiv[e]« Heldin (HW XV, 283); ihr vormaliger Liebhaber Aron konstatiert bei ihr einen »Zusammenfall von Vaterlandsliebe und Selbstliebe« (HW VI, 264). Wenn Justine asoziale Züge hat, dann nur, insofern die Leistung selbst die Tendenz zur Asozialität besitzt. Das Mißtrauen gegen sie erweist sich, so will es der Autor, als unberechtigt. Die Angst aber, daß aus Leistung Vorrecht und aus Vorrecht Unrecht wird, daß also das Leistungsprinzip eine schleichende Kapitalisierung der Gesellschaft bringen könnte, war im Sozialismus immer präsent, und sie war es nicht ganz zu Unrecht. Hacks, der, wie wir noch sehen werden, bereits vor der Entstehung der »Binsen« diese Gefahr dramatisch gestaltet und später auch theoretisch formuliert hat, entscheidet sich in den »Binsen«, über diese Gefahr hinwegzusehen. Der Fall Justine muß demnach eher als beispielhaft denn als repräsentativ verstanden werden.

Der Widerspruch zwischen Leistung und Demokratie zeigt sich in den »Binsen« in zweifacher Gestalt, individuell und prinzipiell. Ersteres spiegelt sich wider im Verhältnis Justines zu ihrem Geliebten Karl. Sie hatte ihn, obgleich es ihm sowohl an Fertigkeiten als auch an Begabung dafür fehlte, zu ihrem Stellvertreter gemacht; er wieder wußte ihr das zu danken, indem er hinter ihrem Rücken gegen sie intrigierte und auf die Art endlich ihren Posten erhielt. Als Justine von seinem Verrat erfährt, macht sie ihm nicht zum Vorwurf, von ihm verraten worden zu sein, sondern sie wirft Karl vor, daß er für den Posten, um dessentwillen er sie verraten hat, nicht die nötigen Fähigkeiten besitzt. Es geht ihr, so will die Szene, nicht um ihren persönlichen Schaden, vielmehr ist ihr Sinn für das Angemessene verletzt, wenn ein für diese Arbeit Unhinlänglicher ihren Posten übernimmt. Karl verteidigt seinen Verrat: »Wie anders sollte ich vorwärtsgelangen?« (HW VI, 243) Im Gegensatz zu Justine also scheint es Karl gerade um seinen persönlichen Vorteil zu gehen, denn er leidet nicht einmal an der Einbildung, die doch fast jeder Aufstiegswillige für sich pflegt, daß er selbst nämlich der Bessere für den Job sei als derjenige, den er zu verdrängen trachtet. In Justine und Karl verkehrt sich somit das Verhältnis, das Genie und Gesellschaft den bisherigen Stücken zufolge besitzen: Justine, das Genie, denkt im Sinne der Gesellschaft, Karl, der Repräsentant der Gesellschaft, denkt allein an sich, demnach asozial. Die Benachteiligten, läßt sich der Szene entnehmen, sind kaum weniger egoistisch als die Genies. Nur ihre Lage, d.h. die Tatsache, daß sie nicht in der Position sind, als einzelne Person und vermöge ihrer Fähigkeiten ihre Interessen durchzusetzen, setzt sie in den Zwang, ihr persönliches Bedürfnis als ein allgemeines zu formulieren. Wo immer sie können, verraten sie, wessen Interessen sie mitzuvertreten vorgeben. Und gelegentlich, wie hier, verraten sie dabei sich. So äußert Karl mit einer Offenheit, die man im wirklichen Leben kaum trifft, die aber ziemlich präzise das widerspiegelt, was ein Mensch seines Charakters – bewußt oder unbewußt – in seiner Lage kalkuliert:

> *Du verdankst deinen Ort im Leben deiner Veranlagung, vielleicht auch deinem Fleiß und guten Willen, obgleich man auch Fleiß und guten Willen eine Anlage nennen könnte; denn auch mit diesen Eigenschaften werden einige geboren, andere nicht. Und nun leistest du dir verwunderte Augen, wenn ich, einer von denen, die minder bevorzugt sind, mit Schurkerei erreichen muß, was dir von Geburt zufällt.*
> (HW VI, 243)

Konnte man im »Tassow« noch erfahren, daß der Sozialismus mit den Klugen allein nicht zu machen ist, so zeigen »Die Binsen« nun, daß auf die Dummköpfe jedenfalls auch kein Verlaß ist.

Die andere Ausprägung, die der Widerspruch von Leistung und Demokratie im Stück findet, die prinzipielle, zeigt sich, indem die Gesellschaft als solche mit dem Genie in Streit tritt. Kulmination der betreffenden Vorgänge ist der Disput zwischen Justine und Olim, der der Kündigung Justines vorausgeht (vgl. HW VI, 202–209). Olim, als Direktor zumindest der Möglichkeit nach in der Position und somit eigentlich in der Pflicht, zwischen Leistung und Demokratie zu vermitteln, tritt hier als Sachwalter des demokratischen Prinzips auf. Insofern er aber prinzipiell gegen Justine auftritt, gleicht er der Frau von Stein. Ähnlich wie sie fungiert er gegen das Genie als Sprachrohr der Gesellschaft. Wenn der Inhalt seiner Rede derjenigen Charlottes nur wenig gleicht, so liegt das vor allem darin begründet, daß der historisch konkrete Inhalt beider Stücke ein anderer ist. Die Ähnlichkeit der »Binsen« mit der »Stein« aber liegt in der Konfiguration: Genie versus Gesellschaft, und auch darin, daß beide, Olim wie Charlotte, ganz dem subjektiven Geist ihrer Zeit, also der communis opinio entsprechen und diese mit einer mehr als natürlichen Deutlichkeit zum Ausdruck bringen. Die Meinung der Mehrheit hat allerdings zu verschiedenen Zeiten verständlicher-

Die Binsen

weise verschiedene Inhalte. Während die Adlige Frau von Stein die Demokratie nur im übertragenen Sinne, also nicht auf der Stoffebene, vertreten konnte, nämlich nur insoweit, als sie die Stimmungen und Meinungen der Mehrheit gegen das einzelne Genie vertritt, kann Olim, weil im Gegenwartsdrama Stoff und Idee denselben historischen Ort haben, das Prinzip der Demokratie unmittelbar artikulieren. Auslöser des Streits ist, daß Olim den Vertragsabschluß mit dem argentinischen Kaufmann Aron Kisch verschiebt, weil der »Geburtstag des Hauptpförtners [...] begangen« (HW VI, 201) werden muß. Für den ausländischen Geschäftspartner ein Affront, für die Arbeitsweise des Kontors bezeichnend. Es demonstriert, neben der offenbaren Abwesenheit geschäftlicher Prioritäten, die ins Äffische gesteigerte Idee der Gleichheit, derzufolge niemand so unwichtig sein kann, daß er sich nicht zum Hauptpunkt des Interesses eignet, ausgenommen freilich die Leistungsträger, deren veritable Wichtigkeit in den Augen der Gleichmacher eine Minderung erfordert. An Olims Maßnahme ist wenig Unbewußtes. Obgleich sich herausstellt, daß es ihm darum geht, Aron und Justine zu brüskieren, wurde sie von Olim doch mit Bedacht und als beispielhaft für den Zustand der Gesellschaft gewählt: »[I]ch halte für richtig, diesen Herren gegenüber einmal die Machtfrage zu stellen. Sie sollen erkennen, daß sie hier nicht in ihrer gewohnten Umgebung sind« (HW VI, 203). Im Sozialismus, meint Olim offenbar, herrschen die Pförtner. Anlaß der Demonstration war der Ärger Olims über die geschäftlichen Methoden Justines. Anstoß erregte hierbei zum einen die private Beziehung Justines zu Aron, die von ihr zum Vorteil des Geschäfts ausgenutzt wurde, zum anderen aber eine gewisse Ähnlichkeit der Methoden Justines mit den Methoden des Handels in der westlichen Hemisphäre. Olim fragt sich daher, ob dergleichen »noch unsere Art, Handel zu treiben«, ist, worauf Justine entgegnet: »Es kommt doch nicht auf die Kampfweise an, wenn man siegt« (HW VI, 207). Gemäß ihren weltanschaulichen Standorten legen Olim und Justine den Akzent auf unterschiedliche Sachverhalte. Der Widerspruch stellt sich dar als der zwischen Sittlichkeit und Wachstum, das heißt zwischen Fortschritt im Sinne der Gesittung und Fortschritt im Sinne der Produktivkräfte. Olim vom demokratischen Standort kommt es auf das Sittliche an, Justine hingegen vom Standpunkt der Leistung stärker auf den wirtschaftlichen Erfolg. »Eine gewisse Berücksichtigung der Besonderheiten unserer Partner gehört«, so sagt sie, »immerhin zum Geschäft« (HW VI, 204). Taktik gehört zum Geschäft. Im Sozialismus war der Außenhandel ein Kampffeld, weil die Wirtschaft ein Feld im Systemkampf war. Aber der Außenhandel war der Sektor der Wirtschaft, in dem die beiden Systeme, Sozialismus und Kapitalismus, die aufgrund ihrer unterschiedlichen Formen der Gesittung verfeindet waren, sich am meisten ähnelten. Es geht dort nicht um Humanität des Einzelnen oder der Mehrheit, nicht um Freiheit oder Gleichheit, es geht allein um Erfolg. Wenn innerhalb des Sozialismus – Hacksens »Sorgen und die Macht« handeln davon – die eine Stelle sich auf Kosten einer anderen bereichert, ist das zum Schaden aller. Im Außenhandel, sofern er, wie im Stück, zwischen den zwei Machtblöcken stattfand, gehört die andere Stelle, der Geschäftspartner, dem anderen System an. Ein Schaden der anderen Stelle zum eigenen Vorteil ist dort wirklich nichts weiter als ein eigener Vorteil. Wenn Olim also Justines Methoden kritisiert, dann nicht, weil etwa davon eine Schädigung der sozialistischen Binnenverhältnisse hervorgerufen wurde, sondern weil diese Methoden dem sittlichen Anspruch des Sozialismus auch dann widersprechen, wenn sie durch wirtschaftlichen Erfolg zur Sicherung des Systems und damit auch des sittlichen Anspruchs beitragen. Dem Prinzip der Leistung und dem der Demokratie liegen in der Tat gegenläufige Weisen des Aneignens und Begreifens von Welt zugrunde:

> OLIM [...] *Wir genießen hier viele Vorrechte: freie und freundliche Arbeitsbedingungen, Auszeichnungen, Reisen.*
> JUSTINE *Wen beeindruckt das im Ernst?*
> (HW VI, 207)

Indem Justine sich so ganz auf den Erfolg ihres Handelns richtet, ist in ihrer Seele kein Platz, dieselbe Sache auch vom Standpunkt der Sittlichkeit zu betrachten; »wem an Ergebnissen liegt«, wird sie später sagen, »liegt gewöhnlich nicht an Gleichheit« (HW VI, 222). In diesem Bekenntnis aber steckt zugleich der Grund für das Mißtrauen, das ihr Handeln bei Olim weckt. Wer, mag dieser denken, nach außen hin so handelt, wird vielleicht auch keine Skrupel haben, innerhalb des Sozialismus entsprechend zu verfahren. Dauerhafte Handlungen bilden bekanntlich Haltungen aus, die diesen Handlungen entsprechen. Wer skrupellos handelt, wird mit der Zeit skrupellos. Aber es ist nicht nur die Handlungsweise Justines, die Anstoß erregt, es ist auch ihr Erfolg, der sie gesellschaftlich mächtig macht:

> [A]n welchem Punkt schlägt Begabung in ehrgeizige Absichten um? Es gibt einen solchen Punkt, und es ist sicher, daß der von der Begabung Betroffene denselben selbst schwer erkennt. (HW VI, 208)

Es spricht indes für die Heldin des Stücks, daß bei ihr wenig von dieser Gefahr erkennbar ist. Ihre Asozialität, wie oben festgestellt, liegt kaum in einem anderen Umstand als eben darin, daß sie Leistung bringt. Leistung selbst ist ein Ärgernis, weil sie Unterschiede schafft. Entsprechend äußert Olim:

> [W]ie weit gelangen wir mit Verfahren, die auf Begabung beruhen? Wir sind ein großes Kontor in einem großen Betrieb und einem großen Plan unterworfen. Die Grundlage unserer beständigen Erfolge heißt Miteinander. Und welche Tugend ermöglicht Miteinander? Begabung? Die offenbar kaum. [...] Begabung bringt Erfolge und stört das Gleichmaß der Erfolge. Der Erfolg eines Mitarbeiters ist in gewissem Sinne ein Mißerfolg des Kontors. Nein, der Name der Tugend, welche Miteinander ermöglicht, lautet anders. Er lautet Bescheidenheit. (HW VI, 207)

Justine selbst, unzweifelhaft die Figur des Stücks mit der größten Erkenntnishöhe, versteht das Problem vollkommen:

> GREFFEL [...] *Sie sind der einzige Kopf, der über die Fähigkeiten verfügt, Ihren bisherigen Platz auszufüllen.*
> JUSTINE *Ja, das ist, weshalb gesorgt ist, daß ich ihn nicht einnehme.*
> (HW VI, 232)

So scheint es, als habe Hacks hier den tieferen Sinn jenes Satzes von James Fenimore Cooper zur Anschauung gebracht, den er bereits im Zusammenhang mit seinen Erläuterungen zum Verhältnis von Leistung und Demokratie zitiert hatte: »Demokratie ist, wenn jeder Bürger berechtigt ist, ein Amt auszuüben, ausgenommen diejenigen, die dazu fähig wären«.

»Die Binsen«, läßt sich zusammenfassen, handeln von den Problemen einer gesellschaftlichen Lage, in der das demokratische Prinzip die Oberhand über das Leistungsprinzip gewonnen hat. Die konkrete Form dieses Mißverhältnisses ist, neben dem Vorherrschen jener »Gewohnheit des Handgelenks, alles, was oben raussteht, abzuschlagen« (FR, 23), das Vorherrschen der Faulheit. In der Tat stellt sich die in den »Binsen« zur Anschauung gebrachte Welt als durchdrungen von Gammlern dar. Die einzige Person von Fleiß ist Justine. Wir sehen sie als isoliertes Genie in einer Weltlage, in der niemand überhaupt noch etwas zum Fortkommen der Menschheit beiträgt als das Genie. Für Justine allein ist Arbeit nicht Mittel zum Zweck des Lebens, sondern Mittel zur Selbstverwirklichung, also selbst Lebenszweck (vgl. HW VI, 263). Die Gammelei hingegen ist eine Eigenart der Mehrheit, ein Merkmal der Demokratie. Unmißverständlich spricht das Stück von »der nichtarbeitenden Mehrheit« (HW VI, 220). So fallen im demokratischen Prinzip sittlicher Anspruch und Arbeitsunlust zusammen.

Zu begreifen, wie das zusammengeht, mag ein Rückblick auf »Moritz Tassow« weiterhelfen. In Tassows Schlepptau hält sich der Landstreicher und Gammler Dziomba auf. Seine direkte Gegenspielerin innerhalb der Kommune ist Rosa. Als sich Dziomba als arbeitsscheu und kriminell erweist, kommt es zur Kollision der Prinzipien. Rosa steht für den revolutionären Elan, der, von der Idee einer fundamental neu organisierten Gesellschaft, einer neuen Lebensweise beflügelt, sich aber in gleicher Weise auch auf das Arbeitsleben, auf den Weg dorthin richtet. Für Dziomba dagegen ist das neue Zeitalter einfach eines der Muße. Abschaffung der Ausbeutung bedeutet bei ihm auch Abschaffung der Arbeit. Trotz dieses Gegensatzes zeigt Rosa ein gewisses Verständnis für Dziomba, den sie gleichwohl für einen Feind der Kommune hält. Er erinnert sie an den Menschen der Zukunft, das heißt: des Kommunismus, wo nicht mehr unter den Bedingungen der Angestrengtheit produziert werden muß. Der Gammler, sagt Dziomba nicht ohne Apologie seines eigenen Verhaltens, ist ein »Sendbote der künftigen Zeit« (HW III, 165); eine Zukunft, in der ein jeder nach seinen Fähigkeiten (und das heißt eben auch: jeder soweit er Lust hat) arbeitet, ohne daß ihm davon ein wirtschaftlicher Nachteil entsteht. Wir werden später noch Gelegenheit haben, darüber zu handeln, ob der Kommunismus für Peter Hacks ein Ziel (das meint: ein wirklich erreichbarer Zustand) oder ein Ideal (das heißt: ein nicht vollends erreichbares, aber stets anzustrebendes und näherungsweise zu verwirklichendes Vorbild) war. Für die Lebenswirklichkeit, in der Peter Hacks lebte und für die er dachte, ist dieser Unterschied jedoch nahezu unerheblich; ob ein Ziel schließlich erreichbar ist oder nicht, indem man es anstrebt, verhält man sich, als sei es erreichbar, und kann sich in der Sache nur anders verhalten, indem man es nicht mehr anstrebt. Entscheidend aber ist, daß Sozialismus und Kommunismus in der Frage der Leistung eine wesentliche Differenz besitzen. Es ist, so lautet eine Grundüberzeugung von Hacks, nicht die Aufgabe des Sozialismus, dem Kommunismus möglichst ähnlich zu sein, sondern möglichst gut zu diesem hinzuführen (vgl. AEV, 129). Hierfür muß er sich von ihm unterscheiden. So läßt Hacks 1962 die Kommunistin Emma Holdefleiss sprechen:

> *Kollegen, Kommunismus, wenn ihr euch*
> *Den vorstellen wollt, dann richtet eure Augen*
> *Auf, was jetzt ist, und nehmt das Gegenteil;*
> *Denn wenig ähnlich ist dem Ziel der Weg.*
> *Nehmt soviel Freuden, wie ihr Sorgen kennt,*
> *Nehmt soviel Überfluß wie Mangel jetzt*
> *Und malt euch also mit den grauen Tinten*
> *Der Gegenwart der Zukunft buntes Bild.*
> (HW III, 61f.)

Infolge dieser abstrakten Entgegensetzung von Genuß und Produktivität – die zugleich vom Kommunismus zu viel und vom Sozialismus zu wenig verlangt – entwickelt Hacks bereits im »Frieden« (1963) eine Gegenposition, die die Genußfähigkeit der neuen Zeit behauptet; der Krieg, der auch für die politische Anstrengung des sozialistischen Aufbaus steht, wird beseitigt, indem mit Eirene ein Ideal aus dem Brunnen gezogen wird, das Prosperität und Genuß als dauerhaften Zustand proklamiert. 1965 dann spricht Hacks davon, daß Genußfähigkeit eine sozialistische Tugend geworden sei (vgl. HW XIII, 89). Die Wahrheit liegt natürlich zwischen Holdefleiss und Eirene. Der Sozialismus war beides: angestrengte Produktion und Leistungsprinzip, doch in vielen Bereichen (vor allem, was die Primärbedürfnisse betrifft: Wohnen, Lebensmittel, Gesundheitswesen etc.) auch bereits Bedarfsproduktion, deren Vorzüge keinem Mitglied der Gesellschaft verwehrt blieben. Dieser Widerspruch wird in der Szene zwischen Rosa und Dziomba zum Ausdruck gebracht; in ihnen zerfallen Genuß und Arbeit, Konsumtion und Produktion als zwei vereinzelte Prinzipien, wobei Rosa sich von Dziomba darin unterscheidet, daß sie ihr Prinzip nicht absolut setzt, sondern trotz ihrer Haltung das andere, das der Muße, nicht aus dem Auge verliert. Muße, so zeigt sich, ist ein sozialistisches Ideal, der letztliche Zweck des Produzierens. Aber als Haltung des Produzierens selbst ist sie unbrauchbar, führt nicht hin zum Zweck und negiert sich also selbst. Man muß sie meiden, um sie erlangen zu können. Interessanterweise ist es Greffel, einer der Gammler in den »Binsen«, der denselben Sachverhalt auf den Punkt bringt: »Faulheit ist das einzige Ideal, für das der Mensch der statthabenden Epoche noch bereit ist, einige Anstrengungen auf sich zu nehmen« (HW VI, 248).

2. Omphale

»Omphale« handelt von der Unmöglichkeit, unvermeidlich ausstehende Kämpfe auszusetzen. Hauptfigur des Stückes ist Herakles, ein dorischer Held, der – wie der Verfasser des Stücks – einer Wahlheimat (des Königreichs von Lydien) seine Dienste leistet. Er allein von allen Helden ist in der Lage, Lydien vor Bedrohungen zu schützen. Aber er steckt in einer Lebenskrise. Sein Handwerk frißt ihn seelisch auf. Zum einen, weil er daran leidet, daß all sein Tun, auf das Ganze gerechnet, wirkungslos bleibt. So sagt er, gelobt für die große Zahl der Ungeheuer, die er zur Strecke gebracht hat: »Viele sind übrig und die Welt nicht anders« (HW IV, 265). Die Tragik des Heldenberufs besteht darin, daß der Held immer nur die Folgen des Unrechts bekämpfen kann, nicht dessen Ursache. Er reinigt die Welt von den Ungeheuern, aber die Welt dahinzubringen, daß sie keine mehr hervorbringt, vermag er nicht. Was der Held herstellt, ist Ordnung, und Ordnung bleibt nur, solange sie hergestellt wird. Das Werk des Herakles verschwindet an dem Tag, an dem er seine Keule in die Ecke stellt, so daß er,

> *[...] hat er einen Tag lang nichts geleistet,*
> *Sich zitternd fragt: bin ich mir noch vorhanden?*
> (HW IV, 278)

Einen ähnlichen Begriff des Helden finden wir bei Hacks bereits 1964 in seinen Anmerkungen zum »Frieden« wieder:

> *Es ist nicht wahr, daß die Aufgaben, die die Geschichte der Menschheit stellt, sich von allein lösen: es braucht Anführer*

und Ausführer. Wahr ist, daß die historischen Aufgaben ihren Löser allzeit zu finden wissen; besorgt es der nicht, besorgt es jener. Aber der es besorgt, wird genommen aus der Zahl der Genies. Die ungeheure Kraft, die erforderlich ist, um den Koloß Welt in eine auch nur um Winkelgrade neue Richtung zu stoßen, kann allein aus dem unstillbaren Verlangen nach Harmonisierung aller Verhältnisse erwachsen und aus dem kindlichen Irrtum, die neue Richtung sei schon die endgültige. Alle Helden ziehen ins letzte Gefecht.

Nun, der gealterte Held weiß, es war nicht das letzte. Der neue König ist besser als der entthronte und zugleich schlechter; seine höhere Qualität erscheint hauptsächlich als höhere römische Nummer. So ist der Held nicht nur unverstanden, was an den Leuten liegt; er ist auch, was an ihm liegt, enttäuscht: er wollte alles und bekam wenig und mußte doch alles wollen, um das Wenige zu bekommen. Und der Held ist schuldig, was an der Welt liegt, in der man Verbesserungen mit Verschlechterungen bezahlt.

Die Helden dienen der Geschichte, indem sie sie hassen, und die Geschichte haßt ihre Diener und macht sie zu den traurigen Figuren, als die wir sie kennen. Für eine menschliche Handlung, die sie unter angestrengtestem Absehen von den Tatsachen zustandebringen, büßen sie mit einem unmenschlichen Schicksal.

(HW XV, 146f.)

Zum anderen ist die Ausübung seines Handwerks Herakles' Art, gesellschaftlich zu sein. Er, der viele Talente und Bedürfnisse besitzt, fragt sich, ob er wirklich den Rest seines Lebens diese eine Tätigkeit ausüben soll. Je mehr er tut, was er tut, desto mehr legt er sich fest und vereinseitigt, indem er in der Haltung des Heldenberufs festwächst:

Ich will mich ja verlieren! Nein, mit jedem
Erlegten Ungeheuer werd ich immer

Omphale

*Deutlicher ich. Mit jedem Keulenschlag
Erschlag ich eine Möglichkeit in mir.*
                    (HW IV, 278)

So beschließt Herakles, Arbeit gegen Genuß zu tauschen, und das heißt, anstelle seines Unglücks in Freiheit gewinnt er, sich Omphale unterwerfend, »Sklavenglück« (HW IV, 266). Die beiden beschließen sodann einen Rollentausch, er nimmt ihren Platz ein, sie den seinen. Dieser Vorgang zwischen dem Helden und der Königin ist eine der schönsten und tiefsten Metaphern des Dramatikers Hacks insgesamt und sollte in ihrem weltanschaulichen Gehalt sehr ernst genommen werden. Dennoch betrifft der Rollentausch das Thema unserer Abhandlung nur insoweit, als es sich bei ihm um einen Rückzug vor dem Notwendigen handelt. Solange Herakles sich in Omphales Gemächern die Haare kämmt, löst sich das Problem Lydiens nicht. Herakles ist nicht irgendein Held, er ist *der* Held, und da zum einen niemand als Herakles seine Arbeit erledigen kann, zum anderen aber Lydien immer noch durch das Ungeheuer Lityerses bedroht ist, muß Herakles bei Strafe des eigenen Untergangs auf sein gewohntes Kampffeld zurückkehren.

Durch Lityerses, der im letzten Bild des Stücks auf der Bühne präsent ist, wird der Heldenstand als ganzer und sein Verhältnis zur Gesellschaft gespiegelt. Lityerses – offenbar eine Metapher für den im Kampf mit dem Sozialismus befindlichen Imperialismus – ist Landwirt; folglich sieht er in den Helden ein faules und unproduktives Pack. Sie gehören, »händelgeil aus Arbeitsscheu«, nicht dem »Nährstand« (HW IV, 289) an. Daß Heldenarbeit auch Arbeit ist, Arbeit auf dem Feld der Gesittung nämlich, wodurch die Helden zu »Arbeitern der Tugend« (HW IV, 302) werden, ist für Lityerses außer Betracht. Allein produktive Arbeit läßt er als Arbeit gelten und stellt dabei die Frage nach der Form der Produktion, den Produktionsverhältnissen, aus gutem Grund nicht. So sagt er über Herakles: »Das Landvolk drückt er und den kleinen Mann«, worauf der ihm zu antworten weiß: »Nicht

Held und Helden

Herakles drückt Lityerses' Sklaven« (HW IV, 299). Wenngleich er den Widerspruch von Held und kleinem Mann durchaus zu Recht als solchen benennt, lenkt Lityerses mit seiner Kritik am Heldenstand von dem viel schärferen, antagonistischen Widerspruch der Ausbeutung ab. Er selbst ist – im Drama bedeutet durch den juristisch legalen Menschenraub – Ausbeuter und Sklavenhalter. Wenn jedoch Heroen auftreten, die ihn als Ausbeuter angreifen, ihn an dieser Tätigkeit hindern, stellt er sich, als ginge es gegen ihn als Produzenten und wirft sich in die Pose des rechtschaffenden Landwirts, der sich gegen die bloß verschlingende Menge der Heroen verteidigt. Die Heroen aber greifen Lityerses nicht an, insofern er Produzent ist, sondern weil er Menschen versklavt. Indem nun Heldenarbeit solcherart als Arbeit auf dem Feld der Gesittung bestimmbar ist, zeigt sich Herakles als Sinnbild des politischen Arbeiters, seine und seiner Berufsgenossen Tätigkeit als Betreiben von Politik und, wenn man, wie man bei Hacks sollte, sie auf die sozialistische Gesellschaft bezieht, steht die Tätigkeit der Helden im Stück also für die Tätigkeit der Kommunisten, die selbst als eine Art Spezialistenarbeit aufgefaßt werden kann. Herakles nun, so will es das Stück, ist der herausragende unter den politischen Arbeitern. Wir treffen also auf Bekanntes: Der Held des Stückes ist ein unersetzbarer Leistungsträger, ein Genie. Ebenfalls wiedererkennen wir die Gesellschaft und all die Ärgernisse, die ihr durch das Genie zuteil werden. Hierfür steht etwa Malis, die – ähnlich wie Charlotte im Fall Goethes – Herakles gleichermaßen anziehend wie abstoßend findet. Unfähig, seinen Reizen zu widerstehen, ließ sie sich von ihm verführen, als sie ihn aber in Frauenkleidern sieht, weicht die Attraktion der Repulsion.

Aber wie bereits in den »Binsen« ist es nicht das Genie als solches, das der Gesellschaft allgemein gegenübertritt, sondern die Beziehung wird genauer gefaßt:

Sicherlich weiß ich die Vorzüge des Stücks besser zu schätzen als irgendeiner, aber wirklich stolz, ich kann mir nicht helfen,

Omphale

bin ich auf ein Satzzeichen: die Klammer, welche alle männlichen Rollen mit Ausnahme des Ungeheuers unter dem Gattungsnamen Heroen *zusammenbindet.*
Auch der Heldenstand – an der Erkenntnis habe ich lange gelernt – stellt keine Vereinigung ungewöhnlich groß veranlagter Einzelwesen dar, sondern einfach einen Berufszweig.
(HW XV, 172)

Gemeint ist die Klammer im Personenverzeichnis des Stücks; die Heroen, die sie bindet, sind: Herakles, Iphikles, Alkaios, Daphnis, Laomedon, Tyrrhenos und Agelaos. Sie bilden miteinander den Stand der Helden, und wie in jedem Beruf gibt es auch in diesem Könner und Nichtkönner.[22] »Ein Beruf ist etwas, worein immer auch Ungeeignete gelangen« (HW XIV, 211), wird Hacks 1988 schreiben. Und zwei Jahre später heißt es pronociert: »Für die Genies der Dichtkunst gilt nicht, was für die Dichter gilt, und was für die Genies gilt, gilt nicht für die Dichter« (HW XIII, 304). Indem nun in der »Omphale« nicht mehr nur der einzelne Held betrachtet und in seiner Beziehung zur Gesellschaft untersucht wird, differenziert sich die Architektur des Widerspruchs von Leistung und Demokratie: Aus dem allgemeinen Verhältnis zwischen Genie und Gesellschaft entwickelt sich auf der Seite der Leistung ein weiteres Verhältnis, die Differenz zwischen Koryphäe und durchschnittlichem Leistungsträger. Das Verhältnis *Genie – Gesellschaft* gestaltet sich somit erstens als Verhältnis eines Standes von Leistungsträgern zur Gesellschaft, zweitens aber, innerhalb dieses Standes, als Verhältnis zwischen dem einzelnen Genie und der Masse seiner Berufskollegen. In beiden Beziehungen bleibt das Verhältnis von Leistung und Demokratie lebendig. Der Stand der Helden hat zum vorzüglichsten Helden dasselbe Verhältnis wie die Gesellschaft zu ihm. Die interne Ausprägung des Widerspruchs, das Verhältnis des herausragenden Helden zum Heldenstand, zu gestalten ist nun offenbar die hauptsächliche Kunstabsicht der »Omphale«. Worum es genauer geht, ist das Verhältnis von Institution und dem von ihr vertretenen Geist:

> *Eine Einrichtung dient, schlecht und gut, einem Geist. Die Mitglieder der Einrichtung dienen ausschließlich der Einrichtung [...] Herakles ist unzweifelhaft ein Held auch im geistigen Sinn, was ihn, das Stück zeigt es, zu einem höchst zweifelhaften Helden im Sinne der Einrichtung macht. Iphikles entlarvt ihn als das schrecklichste Ungeheuer. Zu Recht: Lityerses vertilgt nur Helden, Herakles den Heldenstand. Alle Einrichtungen nehmen die Überbetonung ihrer geistigen Seite mehr übel als den Kampf gegen ihre geistige Seite; denn jene schadet der Einrichtung, diese ficht sie nicht an.*
> (HW XV, 172f.)

Im Begriff der Einrichtung ist beides enthalten: der Zweck, dem sie dient, und der Stoff, von dem sie getragen wird. Jede Institution – die freiwillige Feuerwehr und der Verband der Kaninchenzüchter ebenso wie eine jede Partei oder der Staat insgesamt – kennt dieses Verhältnis zwischen ihrem Geist und ihrem Körper als ein spannungsvolles. So wie der menschliche Körper zugleich das größte Hindernis beim Tanzen als auch die Voraussetzung dafür ist, daß getanzt werden kann, so liegt überhaupt das Wesen der Materie in der Trägheit, wie sie zugleich dasjenige Substrat ist, durch das allein der Geist sich verwirklichen kann. Das Zweckmäßige zeigt sich bei einer Einrichtung bereits darin, daß sie eingerichtet, also absichtsvoll begründet wurde. Gäbe es den Zweck nicht, bedürfte es auch nicht der Einrichtung. Der Staat z.B. hat die Funktion, die verschiedenen gesellschaftlichen Gruppen, die sämtlich nur Teilzwecke vertreten, in ein Gesamtverhältnis zu setzen, das eine Art Gesamtzweck herzustellen fähig ist. Aber indem der Staat eine wirkliche Sache ist, besitzt er selbst eine Körperschaft, einen Apparat von Beamten, Polizei, Militär usf. Und dieser sein Körper ist einerseits die Voraussetzung dafür, daß der Staat in der Wirklichkeit zu bestehen fähig ist und seinen Gesamtzweck umsetzen kann, zum anderen aber ist dieser Körper selbst eine Gruppe, womit er die Eigenschaften, die jene Gruppen, die er zu ordnen und zu beschränken hat, ebenfalls besitzt: Trägheit

Omphale

und partikulares Bewußtsein. So tritt der Beamtenapparat bald selbst als eine Gruppe mit Sonderinteressen auf und wird so selbst zum Gegenteil dessen, was er durchzusetzen hätte. Die Staatskunst, wie das sinnvolle und angemessene Handhaben des Staats bei Hacks genannt wird, hat immerhin die Möglichkeit, den Staatsapparat als Instrument zu gebrauchen, seine Tendenz zum Selbstzweck zu verhindern, ihn einzusetzen, wo er gebraucht, und zurückzunehmen, wo er nicht gebraucht wird oder vermeidbarer Schaden droht. Aber dieser wohltemperierte Gebrauch kann nicht aus dem Apparat selbst kommen, sondern nur von seiner Spitze, wo allein ein souveräner Standpunkt möglich ist, der geistige Gerechtigkeit erzeugen kann. Der oberste Beamte, wenn er dem Zweck seiner Institution dient, wird zum obersten Feind der Beamten. Auf die Art setzen sich die Institution und der Geist, dem sie dient, einander entgegen.

In »Omphale« finden wir diese Konfiguration allerdings nicht exakt wieder. Herakles erscheint nicht als Spitze der Einrichtung, nicht als König oder Erster Sekretär, sondern als zugleich in ihr und abgesondert von ihr Tätiger. So wie Justine Mencken gehört er einem institutionellen Zusammenhang an, den er durch die Art seiner Tätigkeit in Frage stellt. Indem er als Einzelner herausragende Leistung vollbringt, kommt er dem Zweck der Institution, der er angehört, näher als die Institution selbst und stellt bereits dadurch, daß er als Held handelt, ihre Zweckmäßigkeit auch dann, wenn er es nicht will, in Frage. Doch Herakles will durchaus; von seinen Berufsgenossen hat er keine gute Meinung:

Und diese Übermänner, die Heroen –
Es sind fleißige darunter, selbst begabte –
Ich hab sie wie die Ungeheuer satt.
(HW IV, 278).

Natürlich sind sie die Begleiterscheinung der Ungeheuer. Wo Ungeheuer sind, sind auch Helden, aber nicht alle Helden machen eine gute Figur. Daß Herakles eigens das Vorhandensein von Fleiß

Held und Helden

und Begabung erwähnt, bedeutet natürlich, daß dergleichen in diesem Stand keine Selbstverständlichkeit ist. Als so beschaffene sind die Verhältnisse jedoch unvermeidlich. Der Heldenstand ist, wie er ist, und könnte nicht anders sein:

> *Überhaupt keine menschliche Einrichtung, auch die erhabenste nicht, ist zu bestehen fähig, die etwa auf hervorragender Eignung ihrer Mitglieder beruhte: Begabung kann nicht Voraussetzung von etwas Wirklichem sein.*
> (HW XV, 172)

Der Grund liegt auf der Hand. Da jede Institution eine Unternehmung vieler Menschen ist, muß in einer jeden die mangelnde Begabung vorherrschend sein. Begabung, das liegt im Begriff selbst, ist selten. Die Bestimmung ist relational; was wir begabt nennen, erweist sich allein im Verhältnis zum Nichtbegabten. Gleich, wie hoch der Durchschnitt absolut liegt, er liegt unter der Spitzenleistung. Eine Aufhebung dieses Verhältnisses wäre nur auf zwei Wegen vorstellbar: den Durchschnitt so weit zu heben, daß ein Herausragendes nicht mehr existiert, was, da nicht jedes Individuum die gleichen Voraussetzungen hat, unmöglich ist; oder das Herausragende so weit an der Entfaltung zu hindern, daß es sich nicht mehr vom Durchschnitt unterscheidet, was zwar möglich wäre, aber doch keinesfalls wünschenswert ist. Eine Einrichtung, sehen wir hieraus, deren Mitglieder sämtlich oder mehrheitlich begabt wären, ist unmöglich. Sie wäre nicht nur, wie Hacks sagt, nicht zu bestehen fähig, sie könnte nicht einmal zustande kommen. Es ist aber absurd, von Einrichtungen zu verlangen, was sie unter keinen Umständen leisten könnten. Entsprechend schreibt Hacks:

> *Es gibt, das sollte die Einrichtung einsehen, Dinge, die nur einem seltenen Menschen gelingen, aber die meisten Dinge, das sollte der einsehen, gelingen allein der Einrichtung. Wir müssen uns mit Einrichtungen einrichten. Man kann Ein-*

richtungen ablehnen, die Böses bezwecken. Der einzige Tadel an einer Einrichtung, bei dem man sich nur lächerlich macht, ist der, daß sie eine Einrichtung ist.
(HW XV, 173)

Obgleich diese Worte weniger zum Verständnis des Stückes beitragen, als man meinen möchte, da im Stück selbst die Unersetzbarkeit der Einrichtung, also des Heldenstandes, weder zur Anschauung gebracht noch sonstwie behauptet ist, sehen wir hierin einmal mehr die für Hacks typische Weise, mit gesellschaftlicher Wirklichkeit umzugehen. Da ist zunächst die Erkenntnis spürbar, daß gesellschaftliche Verhältnisse am besten ergründet werden, wenn man den Linien ihrer Widersprüche folgt, daß also die Widersprüche einer Gesellschaft kein Makel sind, den es auszutilgen oder zu umgehen gilt, sondern genau das, wodurch sie sich erst erklärt. Von der dramatischen Notwendigkeit, »Kämpfe nicht als Verstörung des Weltzusammenhalts, sondern als Selbstgespräche der geschichtlichen Vernunft« (HW XV, 182) zu begreifen, ist bei Hacks die Rede. Nächsthin folgt das Bemühen, beiden Seiten des Widerspruchs gerecht zu werden, das meint, beide Perspektiven zur Anschauung und beider Recht zur Geltung zu bringen. Damit aber werden beide zugleich auch eingeschränkt. Widersprüche sollen erkannt, nicht verhätschelt werden. An ihnen gibt es immer etwas zu tun, Vermittlung tut not. Und schließlich spricht aus jenen Worten eine Haltung, die durchaus zwischen der reinen Theorie und der (minder reinen) Wirklichkeit zu unterscheiden weiß, die sich bewußt ist, daß die Unvollkommenheit selbst ein unvermeidlicher Teil des wirklichen Lebens ist und daß das Unabänderliche, da es doch nicht geändert werden kann, auch gar nicht erst einem solchen Versuch unterzogen werden sollte. Letztere Haltung ist uns aus den bis hier besprochenen Stoffen schon hinlänglich bekannt: die fröhliche Resignation.

Der nämlichen Haltung begegnen wir nun auch im Stück selbst wieder. Wo das Genie Thema ist, kann sie kaum fehlen. Herakles verfügt bereits über sie. Er ist ein Genie im klassischen

Sinne; seine Einsichten in die Wirklichkeit gehen weit, er weiß, was er von ihr erwarten kann und was nicht. Um die Entwicklung sinnfällig zu machen, bedient sich der Autor einer weiteren Figur aus dem Tableau der Heroen: des Barden Daphnis. Die unter der Klammer zusammengefaßten Heroen bilden miteinander zwar den Stand der Helden, aber nicht unisono im Sinne einer einfachen Aufteilung in Genie (Herakles) und Kretins (der Rest), sondern jeder von ihnen erhält bestimmte Funktionen, manche bilden gegeneinander von Hacks her gut bekannte Korrelationen.

Es ist hier kaum der Ort, die abgebildeten Verhältnisse sämtlich durchzusprechen. Was uns in Hinblick auf unser Thema interessiert, ist, daß, so wie Iphikles gegen Herakles den demokratischen Anspruch gegen das Genie behauptet, Daphnis sich zu Herakles verhält wie das unerzogene gegen das erzogene Genie. Daphnis ist weitaus positiver gezeichnet als etwa Alkaios und Iphikles; er ist ein Held durch Leistung und kein Mitläufer. Was ihm aber fehlt, das ist Sinn für gesellschaftliche Wirklichkeit. In diesem Mangel gerät er gegen Herakles in Kontrast. Daphnis will gegen Lityerses kämpfen, um seine Geliebte Pimplea zu befreien. Herakles erklärt Daphnis, der Held dürfe das Ungeheuer nie die Regeln des Kampfes bestimmen lassen; er müsse dessen Schwäche ermitteln: »[F]ind ihren Trick heraus. Sie haben alle / Einen Trick« (HW IV, 279). Der Held soll nie den Weg gehen, den das Ungeheuer ihm anbietet. Andernfalls wird es gewinnen. Der Held also muß mit Geschick agieren, mit List. Er soll seine Stärken gegen die Schwächen des Ungeheuers ausspielen, die Regeln des Spiels bestimmen. Aber dazu muß er sich der Verschlagenheit und der Irreführung bedienen. Daphnis, der mit dem Alltag des Kampfes wenig vertraut ist, hat dagegen ein zu sehr aufs reine Ideal gerichtetes Gemüt, um den Rat des Herakles zu beherzigen. Er meint, was das Ungeheuer zum Ungeheuer macht, ist, daß es mit List und Lüge arbeitet. Er will kein Held sein, der sich ähnlicher Mittel wie das Ungeheuer bedient. Das machte ihn, den Helden, in seinen Augen selbst zum Ungeheuer. Hierin liegt durchaus die Erkenntnis, daß Kampf die Kontrahenten gleichmacht, daß ein Ungeheuer besiegen gewissermaßen auch ein Ungeheuer werden bedeutet. Daß Methoden aber mitunter dem Zweck, dem sie dienen, widersprechen müssen, daß ferner das, was den Helden vom Ungeheuer unterscheidet, nicht allein in der Wahl der Kampfmittel liegt, sondern eben auch in den sittlichen Zwecken, in dem, *wofür* gekämpft wird, und daß im Angesicht der Tatsache, daß ohne die Anpassung des Helden an die taktischen Gegebenheiten des Kampfes dem Ungeheuer wohl oder übel der Sieg überlassen würde, solche Skrupel sich als zweitrangig erweisen, das sieht Daphnis aufgrund seiner mangelnden Berührung mit der Wirklichkeit, seinem Mangel an Erfahrung im Kampf nicht ein. So muß er sie erst machen, und es überrascht nicht, daß er von Lityerses mittels eines Tricks, eines ziemlich faulen, um den rechtmäßigen Sieg gebracht wird. In seiner Weigerung, einen Kampf auf andere als ehrenhafte Weise gewinnen zu wollen, ist er ideal und lebensfremd zugleich. Der Wunsch, sich weiter dem »Sklavenglück« hinzugeben, hält Herakles indessen ab, Daphnis zu erwidern. Später, in der Stichomythie mit Lityerses wird er sagen, was er Daphnis, hätte er gewollt, entgegnet hätte: »Des Kampfes Sittlichkeit ist, man gewinnt« (HW IV, 299). Wir kennen den Gedanken bereits aus den »Binsen«, worin Justine sagt: »Es kommt doch nicht auf die Kampfweise an, wenn man siegt« (HW VI, 207).

Seine Weise, Unabänderliches als unabänderlich zu akzeptieren und sich mit den Gegebenheiten der Wirklichkeit zu arrangieren, mag der Grund dafür sein, daß Herakles mit hinlänglichem Gleichmut auch die Mangelhaftigkeit seiner Umwelt ertragen und vor allem über das Gerede seines Bruders Iphikles, der im Stück den demokratischen Anspruch innerhalb des Heldenstandes vertritt, hinwegsehen kann. Sie macht ihn jedoch kaum weniger zu einem gesellschaftlichen Ärgernis. Der Unterschied zwischen dem Genie und der Gesellschaft besteht nicht zuletzt auch darin, daß das Genie immerhin die Wahl hat, die Gesellschaft zu verstehen, diese hingegen wird das Genie immer auf dieselbe, für sie typische, also falsche Weise auffassen. »Als Knaben«, berichtet Herakles,

»fand man mich nicht hübsch. Ich war zu / Groß für mein Alter« (HW IV, 268). Wir erinnern uns: Das Genie erkennt sich eher, als seine Umwelt es erkennt (vgl. HW XIII, 203). Seine schon früh bemerkbare Andersartigkeit erscheint ihr als Mißwuchs. Entsprechend geriert Iphikles sich denn auch seinem Bruder gegenüber als Vertreter der Norm: »Er wie wir! Ich sage, er ist ein Monstrum, eine Absonderung von der Menschheit, weit über jede Mißgeburt hinaus« (HW IV, 265). Das Herausragende erscheint hier als Abweichung, reduziert darauf, daß es anders ist. Am Genie ist in erster Linie das gesellschaftlich, daß es stört. Wenn Iphikles, der menschliche Halbbruder des gottgezeugten Herakles, sich als »gesetzlich gezeugte[n]« Sohn gegenüber dem »Bastard« (HW IV, 263) Herakles hervorhebt, so besteht der Witz natürlich darin, daß ein göttlicher Bastard immer noch mehr ist als ein rechtmäßig gezeugtes Menschenkind. Iphikles aber kommt es auf den inneren Wert des Heroen nicht an; er entnimmt den Maßstab seiner Wertschätzung den Normen seiner Umwelt.

Deutlich herausgestellt ist damit das Thema Innen- und Außenleitung, von dem im Fall Charlottes und Goethes schon die Rede war. Wenn Charlotte Goethes Unlust auf die Reiterei für Koketterie nimmt und konsterniert ausruft: »Gibt es auf der Welt einen einzigen Mann, der nicht an der Torheit krankt, zu glauben, er sei der anmutigste und sicherste Reiter?« (HW V, 121), dann liegt hierin ein Kunstgriff des Dichters, der für ein Publikum schreibt, dessen Zeitgeschmack seit langer Zeit der Vorstellung entwöhnt ist, ein gesellschaftsfähiger Mann müsse auch reiten können. Auf die Weise wird augenblicks sinnfällig, wie sehr Charlotte in ihrer Zeit verhaftet ist und in welchem Maße Goethe das nicht gewesen sein muß. Goethe, der, wie Genien pflegen, in keine Zeit wirklich paßt, erscheint uns eben darum viel näher als sie. Wenn in der »Omphale« Herakles in Frauenkleidern auftritt und das gesammelte Entsetzen von Iphikles, Alkaios und Malis erntet (vgl. HW IV, 272–276), dann weist das nun auf dasselbe Thema der Fremdheit zwischen innen- und außengeleiteter Lebensweise hin, ist doch aber adressiert an ein Publikum (und das gilt für dasjenige von heute in kaum geringerem Maße als für das der Entstehungszeit des Stücks), das zum größeren Teil in denselben Vorstellungen darüber, was typisch männlich ist und was ein Mann tun darf, verhaftet ist wie die empörten Figuren des Stücks. Es unterliefe gewiß den Ernst der Haltung, die dem Experiment des Rollentauschs zugrunde liegt, doch könnte Herakles das Entsetzen in derselben Weise beantworten wie Hacksens Goethe (vgl. HW V, 121): *Aber ich bin doch kein Mann, ihr Lieben, ich bin Herakles.*[23] Innenleitung ist allen Genies eigen. Wer seinen Kompaß in sich trägt, wird ihm auch folgen. Die Genies unterscheiden sich lediglich darin, wie sehr sie diesen Umstand verbergen. Auf Herakles trifft, was Platon im »Theaitetos« über den wahren Philosophen sagt: Er ist nur körperlich im Staat (Th. 173e). So vermag Herakles der Königin Omphale auf den Vorwurf: »Du bist zu kühn, vor Frauen und vor Thronen«, nichts anders zu entgegnen als: »Wenn das ein Fehler ist, gesteh ich den« (HW IV, 267). Natürlich sieht er seine Sonderstellung in der Gesellschaft nicht als Fehler an; sie ist ja die Grundlage seines Geschäfts. Für die Umwelt des Genies, die Gesellschaft, liegt in dieser autonomen Lebensweise natürlich auch dann etwas Anmaßendes und Abartiges, wenn das Genie sich an die gesellschaftlichen Gepflogenheiten anpaßt. Doch Anpassung, wie wir sahen, ist keinesfalls die Sorge des Herakles. Iphikles sagt:

Er tut keine Sache, weil man sie von ihm erwartet; selbst sein Ruhm ist ihm gleichgültig, weil der nicht ausschließlich von ihm abhängt, sondern vielleicht ein wenig vom Verständnis der Menge.
(HW IV, 264)

Er wirft seinem Bruder nicht vor, daß dieser eine hohe Stellung in der Gesellschaft beansprucht, sondern daß er auf eine solche nichts gibt. Der Vorwurf ist, daß Herakles in seinem eigenen Kosmos lebt, daß er autark ist, seine eigenen Wertmaßstäbe und seinen eigenen Bewußtseinsstand besitzt.

Held und Helden

Derselbe Vorwurf ließe sich auch einem Aussteiger oder Eremiten machen. Kaum jedoch ist denkbar, ein Iphikles könne sich in gleicher Weise gegen solche ereifern wie gegen seinen Bruder. Was Herakles' ärgerliches Betragen überhaupt erst zu einem Ärgernis macht, ist die Tatsache, daß man dennoch nicht auf seine Arbeit verzichten kann. Sein Hervorstechen durch Leistung beschämt seine Berufsgenossen. Ganz wie Charlotte von Goethe sagt, beleidigt auch Herakles weniger durch seine Entgleisungen als vielmehr, indem er ist. So artikuliert Iphikles den Standpunkt seines Standes:

Dieser Heros, der mehr Heroen vernichtet, indem er sie in Vergleichung mit sich setzt, als Scylla und Charybdis, wenn sie das Licht uns ausblasen: ist er nicht von allen Ungeheuern das schrecklichste?
(HW IV, 265)

Herakles stellt einfach dadurch, daß er seine Arbeit gut erledigt, das tätige Dasein seiner minder erfolgreichen Standesgenossen in Frage und muß hierzu nicht einmal etwas derart aussprechen; es reicht, daß er tut, was er tut, und daß er es auf gute Weise tut. Es ist diese Lage, die aus dem Heros Iphikles einen Demokraten macht: Herakles »hält sich für den Eichbaum und uns für das Eichelkraut, aber die Wahrheit ist anders: Wir sind der Wald, und er ist verrückt« (HW IV, 279). Zahl also soll siegen, wo es die Güte nicht kann. Die Kritik ist nach beiden Seiten verräterisch; indem Iphikles Herakles anklagt, deckt er nicht nur dessen Asozialität auf, sondern auch seine eigene. So sagt er über seinen Bruder: »[S]ein Laster heißt Ichsucht« (HW IV, 264) und hebt das Kollektive an den Unternehmungen hervor: »Herakles und ich vollbringen alle Taten zusammen; Herakles indes betont immer seine Seite unserer Leistung, ich die gemeinschaftliche« (HW IV, 263), doch er selbst ist es, der seinen Anteil (der ja tatsächlich viel geringer ist als der seines Bruders) immer wieder in den Vordergrund rückt: Auf die Frage, wer, wenn nicht Herakles, dessen

Taten vollbrachte, sagt er stets: »Ich, doch er war dabei« (ebd.). Ebenso nimmt sich später im Stück seine Kampflosung aus: »auch das Treffliche hat seine Partei« (HW IV, 279), während er damit doch wiederum nur sich selbst meint: »der Held Griechenlands« (ebd.), das ist nicht etwa Herakles, sondern er selbst, Iphikles.

Ganz so, wie wir es schon aus den »Binsen« kennen, entpuppt sich der demokratische Standpunkt mehr aus der Not der Lage geboren denn als wahrhafte Überzeugung. Die Zurückgesetzten erweisen sich als ebenso von Ichsucht getrieben wie jeder andere Mensch. Der Umstand, daß sie eben nicht in der ersten Reihe stehen, gebietet ihnen jedoch, ihre Ichsucht in der Form demokratischer Maximen zu verbergen. Alle Demokraten bekämpfen den Leistungsträger, aber unzweifelhaft wäre ein jeder von ihnen gern an seiner Stelle. So besitzt Iphikles zwei Haltungen: eine, die ausdrückt, was er gerne wäre, und eine, die ausdrückt, was er ist. Diese doppelte Ideologie – Freunde moderner Niedergangsprosa kennen sie unter dem Begriff Doublethink – scheint von Hacks nicht allein aus Gründen des komischen Effekts plaziert zu sein, sondern aus einer ernstzunehmenden Überlegung. Iphikles zeigt nämlich – mutatis mutandis – dieselbe »Anatomie des Verrats«, die Hacks auch bei Schillers Wallenstein bemerkt: »Wallenstein befindet sich im Zustande einer notwendigen Selbsttäuschung: er darf nicht wissen wollen, was er tut. Er glaubt – in gewissem Sinne ernstlich – er sei kein Verräter, obgleich er von Beginn her unmißverständlich als ein solcher handelt.«[24] Der Handlungsgang der »Omphale« zeigt dann auch, wie fatal es ist, wenn einer, der weniger geeignet ist, an die Stelle des unersetzlichen Helden tritt. Wie schon Karl Kadler in den »Binsen«, so hat auch Iphikles nicht die geringsten Bedenken, einen, von dem er selbst zugibt, daß der besser ist, in dessen Position zu ersetzen. Das Ergebnis ist, daß Iphikles nicht nur leicht in die Fänge des Lityerses gerät, sondern sich recht bald sogar zu dessen Gehilfen macht. Sein Opportunismus steigert sich dann noch, als er in dem Augenblick, da Herakles Lityerses schlägt, wiederum die Seiten wechselt und ohne Zögern ausruft: »Sieg!« (HW IV, 302).

Held und Helden

»Omphale« zeigt, daß Dummheit nicht allein auf biologischen Voraussetzungen beruht, sondern eine Größe ist, die auch von sozialen Beziehungen abhängt. Gesellschaftlich generiert sie sich als Rollenverhalten, bei dem nicht unerheblich ist, in welcher Lage sich der Betreffende jeweils befindet. Ein weniger als durchschnittlicher Akademiker z.B. kann sich gegen das einfache Volk als herausragender Geist betragen, aber er hegt dieselben Ressentiments, die seitens des Volks gegen ihn gehegt werden, gegen den einen, der ihn in seinem Fach überragt, und seine Bereitschaft, sich am Überragenden dumm zu machen, ist, sobald er in dieser Lage sich findet, um nichts vermindert. Ein Gleiches gilt natürlich auch für die Helden, d.h. die politischen Facharbeiter und somit auch für die Kommunisten. Auf die ja scheint das Stück besonders zu zielen, und natürlich ist die Geschichte der Arbeiterbewegung voller Iphiklesse, die sämtlich von sich glaubten, sie seien jedenfalls besser geeignet für die Funktion, um die sie den Konkurrenzkampf verloren haben. Wie Iphikles wollten sie nichts anderes als derjenige, der ihnen zum Nachteil den Vorzug erhielt; und auch darin gleichen sie dem Iphikles, daß sie ihre Ichsucht aufgrund ihrer Lage als demokratischen Anspruch formulieren mußten.[25] Möglich, daß an dem ewigen Bannerspruch der Fußlahmen, der besagt, daß Macht den Charakter verderbe, etwas dran ist, aber keine Macht zu haben, das zeigt Iphikles, scheint auch nicht eben förderlich für das sittliche Vermögen zu sein. Die Unarten und Anmaßungen des Genies sind ein ständiger Quell gesellschaftlichen Ärgers und – wer wollte das leugnen – eine potentielle Gefahr für die minder begabte, also minder mächtige Mehrheit seiner Mitmenschen. Zugleich aber erweist sich, daß der Heldenstand im Vergleich zum herausragenden Helden keineswegs die bessere Wahl ist. Der Opportunismus und die versteckte Ichsucht des Iphikles scheinen sogar ein größeres Mißtrauen gegen den Stand der Leistungsträger als gegen seine Spitzen anzuraten. Ein mittelmäßiger Leistungsträger ist einer, der nicht die Vorzüge, sondern die Unarten beider Standpunkte, Leistung und Demokratie, in sich vereinigt. Und wenn also auch die Frage, ob eine Gesellschaft auf Leistungsträger verzichten könne, verneint werden muß, so muß doch die Frage, ob sie mit ihnen rechnen kann, gleichfalls negativ beantwortet werden. Die Lösung dieses Problems liegt nicht im Stand der Leistungsträger oder in der Institution selbst, die Lösung liegt, wo sie bei Hacks meistens liegt: oben. Davon, daß die Lösung des Widerspruchs von Leistung und Demokratie weder auf der einen noch auf der anderen Seite zu suchen ist, sondern nur durch politische Vermittlung von einer machtmäßig übergeordneten Ebene aus hergestellt werden kann, handeln die folgenden Stücke »Numa« und »Prexaspes«.

V. HELDEN UND MENGE

In den Dramen »Prexaspes« (1968) und »Numa« (1970/71)[26] ist der Widerspruch von Leistung und Demokratie in Form sich entgegensetzender gesellschaftlicher Gruppen abgebildet, die Leistungsprinzip und demokratischen Anspruch gegeneinander durchzusetzen suchen. Während wir in der Betrachtung der bisher behandelten Stücke vom Verhältnis des einzelnen Leistungsträgers zur Gesellschaft allgemein oder zu seinem Stand im besonderen auf philosophische Formen des Widerspruchs, auf ideelle Prinzipien (Leistung, Demokratie, Sittlichkeit, Gleichheit, Asozialität usf.) gekommen sind, werden wir uns in diesem Abschnitt mit denselben ideellen Prinzipien befassen, diese Prinzipien jedoch in den zu besprechenden Werken auf andere Weise vergegenständlicht vorfinden: in gesellschaftlich mächtigen Gruppen, politischen Strömungen, Klassen oder Institutionen. Auf dieser gedanklich höheren Ebene des Begreifens gesellschaftlicher Wirklichkeit und ihres geistigen Gehalts sind wir in der Lage, dem Hacksschen Verständnis von Gesellschaft und Staat näherzukommen, als das in Anschauung der bisher besprochenen Stücke der Fall war. Es wird sich deutlicher zeigen, welche Rolle der Widerspruch von Leistung und Demokratie im sozialistischen Staat gespielt hat.

Wie bereits im vorangegangenen Abschnitt soll auch hier die chronologische Folge verlassen werden. Da im »Numa« Stoff- und Bedeutungsebene beinahe zusammenfallen, soll die Besprechung dieses Stücks den Anfang machen und zugleich eine Art Propädeutikum für das Verständnis des »Prexaspes« sein.

1. Numa

Der Widerspruch von Leistung und Demokratie hat sich bisher in verschiedenen Gestalten oder Derivaten gezeigt, in Verhältnissen also, die ihm entweder verwandt sind oder sich aus ihm ableiten lassen. Derart z.B. in den Beziehungen von Gesellschaft und Genie, Gesittung und Produktivität oder Institution und dem von ihr vertretenen Geist. Durch »Numa« tritt diesen Formen nun ein weiteres Verhältnis bei, das ebenfalls mit dem Widerspruch von Leistung und Demokratie eng verwandt ist und dessen Erklärung in diesen Zusammenhängen und besonders in Hinblick auf das Staatsverständnis von Peter Hacks aufschlußreich sein wird. Es ist dies das Verhältnis von *Reichtum und Gleichheit*, im Stück dargestellt und behauptet als konstituierender Widerspruch der sozialistischen Gesellschaft. Die folgenden Beobachtungen werden die Verwandtschaft beider Korrelationen deutlich machen; die Leistung ist eng mit Reichtum verbunden, und der demokratische Gedanke ist nichts anderes als der Gedanke der Gleichheit. Das Verhältnis von Reichtum und Gleichheit wird uns im Stück sowohl abstrakt in der Rede als auch konkret in der Handlung vorgeführt. Zunächst soll aber der historisch-konkrete Rahmen, in dem das Stück sich bewegt, erschlossen werden; durch diese Rücksicht kann das sonst bloß abstrakte Verständnis lebendig zur Anschauung gebracht werden, der tiefere Sinn der Beziehung von Reichtum und Gleichheit, ihre Funktion in der Wirklichkeit des Sozialismus, ihre Bedeutung für die marxistische Ideologie und nicht zuletzt auch ihre Verwandtschaft zum Verhältnis von Leistung und Demokratie sinnfällig gemacht werden.

»Numa« beschäftigt sich mit der Nachfolgerfrage. Handlungsort ist eine Sozialistische Republik Italien, die natürlich, so wird man vermuten können, für nichts anderes als die DDR steht. Nicht ganz zufällig entstand das Stück zwischen 1970 und 1971, in dem Jahr, worin Walter Ulbricht zurücktrat und also die Frage der Nachfolge in der Tat aktuell war. Der Stoff hingegen ist, dem Livius oder dem Plutarch entnommen, römisch und erscheint bei Hacks in einer vergegenwärtigten und italisierten Version. In der Sage ist Numa Pompilius der Nachfolger von Romulus, entsprechend ist im Stück Numa Pompili der Nachfolger eines gewissen Quirini, von dem auf Quirinus zu kommen nicht schwer ist. Romulus war der große Mann Roms, sein Gründer und unersetzlich. Das Quirini-Sujet wiese damit zunächst auf Lenin, insofern dieser nämlich nicht nur der Gründer des ersten sozialistischen Staats war, sondern in der Geschichte des Sozialismus der Inbegriff des unersetzlichen Staats- und Parteiführers ist. Es fällt jedoch um so schwerer, in Quirini nicht eine direkte Anspielung auf Walter Ulbricht zu sehen, je genauer man den Text in Augenschein nimmt. Quirinis Witwe Lucia, die mit der Aufgabe betraut wurde, das Interregnum zu übernehmen und dem »Politbureau« bei der Suche nach einem Nachfolger Quirinis vorzustehen, hält zu Beginn des Stücks für nötig, den anwesenden Politikern den Charakter der Herrschaft Quirinis vor Augen zu führen. »Wer vor ihm«, fragt sie, »hätte beides, / So viel begonnen und so viel vollendet?« (SD, 89) Das kann nun kaum auf einen Lenin treffen, der noch während der NEP-Periode starb und also noch nicht einmal die Vollendung derjenigen Phase erlebte, deren Zweckursache der Übergang zum Sozialismus war. Lucia wird genauer:

Als seine Arbeit wir erledigt glaubten,
Die Änderung der Macht, längst hatte er,
Wir sahns verblüfft, die Arbeiten im Aug, die
Zu tun sein würden.

(ebd.)

Die Änderung der Macht, das ist die Revolution, also die Umkehrung der vormaligen Machtverhältnisse, die Expropriation der Exproprieteurs, die Etablierung der Parteidiktatur usf. Als alle, steht da, noch gedanklich bei der Umwälzung der alten Verhältnisse waren, da dachte der Staatschef schon längst an die Gestaltung der neuen Verhältnisse. Hierin nun kann, wer kann, einiges wiedererkennen. In der Tat hatte Walter Ulbricht es sich zur Gewohnheit werden zu lassen, in seinem perspektivischen Denken die Vorstellungen und Schlußfolgerungen seiner (Zeit-)Genossen zu überholen. Mehr als einmal trat er mit Plänen, Entwürfen oder theoretischen Äußerungen an die Öffentlichkeit, die selbst für viele Genossen im inneren Zirkel der Macht überraschend kamen. So etwa die Verkündung des planmäßigen Aufbaus des Sozialismus (1952), so die Installierung des Neuen Ökonomischen Systems (1963) und nicht zuletzt auch jenes Diktum, demzufolge der Sozialismus mehr sei als nur eine kurzfristige Übergangsphase, sondern eine »relativ selbständige sozialökonomische Formation in der historischen Epoche des Übergangs vom Kapitalismus zum Kommunismus im Weltmaßstab« (1967).[27] Solche Neuerungen nun ließen sich kaum durchsetzen, ohne auf Widerstand zu stoßen. 1952 hatte Ulbricht die Sozialdemokraten, die Nationalkommunisten und Stalin gegen sich, 1963 und 1967 den gesamten linken Flügel der Partei sowie, indem er die mit seinen Reformen verbundenen Erwartungen des rechten Parteiflügels enttäuschte, auch diesen. Der Widerstand von links aber war stärker. Die offene Korrektur einiger Marxscher Auffassungen zum Sozialismus erschien vor allem den Dogmatikern nicht hinnehmbar. Ulbricht unterschied sich von ihnen merklich darin, daß er bei seinen Theorien in erster Linie von der gesellschaftlichen Wirklichkeit und erst hernach von den Lehrsätzen der marxistischen Autoritäten ausging. »Es wurde«, kritisierte er 1967 die Gewohnheit, den Prognosen des im 19. Jahrhundert lebenden Karl Marx mehr Gewicht beizumessen als einer Untersuchung der eigenen Gegenwart, zu »wenig beachtet, daß der Sozialismus sich auf seiner eigenen Grundlage entwickelt.«[28] Die bis in den Wortlaut reichende Entgegensetzung zum Marxschen Diktum aus den »Randglossen« war so deutlich, daß sie jedem geschulten Funktionär in ihrer vollen Tragweite bewußt werden mußte: »Womit wir es hier zu tun haben«, hatte Marx 1875 prognostiziert, »ist eine kommunistische Gesellschaft, nicht wie sie sich auf ihrer eignen Grundlage *entwickelt* hat, sondern umgekehrt, wie sie eben aus der kapitalistischen Gesellschaft *hervorgeht*« (MEW 19, 20). Unausgesprochen, doch unmißverständlich bedeutete Ulbrichts These, daß der Sozialismus nicht mehr im Sinne einer Diktatur des Proletariats verstanden wurde, deren begrifflicher Gehalt sich vollständig in der Bestimmung erschöpft, eine Umkehrung der vormaligen Machtverhältnisse zu sein. An die Stelle dieses sterilen Sozialismusbegriffs trat die Bestimmung eines lebendigen Gebildes mit eigentümlicher Struktur und somit eigenen Rätseln und Erfordernissen. Es ist bemerkenswert, wie ähnlich doch, bei allem Unterschied in Sprache und Denkgestus, Ulbrichts Gedanken zum Sozialismus denen von Hacks sind. Oder die denen von Ulbricht?

Die wichtigste Gemeinsamkeit beider ist die Vorstellung einer postrevolutionären Periode, wobei übrigens beide den generellen Transformationscharakter dieser Periode nicht übersehen haben. Bei Hacks freilich war die Anregung poetologisch; man kann beobachten, wie er im Laufe der sechziger Jahre seine politische Theorie sukzessive zu einem kontinuierlichen Gebilde ausformt. Sein Postulat der postrevolutionären Dramaturgie (vgl. HW XIII, 20ff.) animierte ihn dazu, die theoretischen Elemente, die bislang vereinzelt lagen, in ein Gefüge zu ordnen und auch, sich von einigen älteren Vorstellungen zu verabschieden. So hatte er beispielsweise noch 1956 geschrieben: »Ein der Kunst sehr ärgerlicher Irrtum war die Annahme, wir lebten im Sozialismus. Wir leben noch eine bemerkliche Weile im Übergang zum Sozialismus. Das bedeutet, daß die Wirklichkeit widersprüchlich ist, und zwar in der Hauptsache widersprüchlich, wie eh und je.«[29] Ein Urteil, dem das bloß revolutionäre Verständnis der neuen Gesellschaft anzumerken ist und das folglich auch in der Warnung vor der »Tendenz zur verfrühten Harmonie, die sich in Klassizismen aller

Helden und Menge

Art äußert«, vor einem »Ausweichen vor den Widersprüchen«[30] endet. Als Hacks diese Auffassung 1959 und 1960 umstieß, hatte sich an der gesellschaftlichen Wirklichkeit nichts Grundlegendes geändert. Geändert hatte sich die Einstellung des Dichters, denn er entschloß sich, an der neuen Gesellschaft nicht mehr das zu betonen, was sie noch nicht, sondern das, was sie bereits ist. Hacks und der Sozialismus, das ist die Geschichte eines Mannes, der sich einem System von außen nähert, es, von dort aus eindringend, zu begreifen. Das mag zu manch verfehltem Verständnis geführt haben, hatte aber auch den Vorteil des unbefangenen Herantretens an den Gegenstand. Walter Ulbricht blieb dagegen streng innerhalb des marxistisch-leninistischen Gedankengebäudes und entwickelte das Neue aus dem – mit all den Verbiegungen, die ein solches Verfahren theoretisch hervorbringen mußte. Es mag auch sein, daß Ulbricht in seinem Sozialismusbegriff die Harmonie zu schnell haben wollte. Wo Hacks die Widersprüche zunächst scharf festhält, um sie in einem zweiten Schritt ins Gleichgewicht zu bringen, weicht Ulbricht einer solch schonungslosen Darstellung aus. Doch kann wohl auch hierin wiedergefunden werden, was Lucia über Quirini sagt: »Stets mit der Wahrheit hielt er / Hinter dem Berge der Notwendigkeit« (SD, 90).

An der Bedeutung Quirinis für die Geschichte des von ihm geführten Landes läßt Lucia indes nicht den geringsten Zweifel:

> [...] *wenn diese halbe Insel*
> *Ein ganzer Staat wurd, dieser staubige Stiefel,*
> *Vom Schleppgang müde durch Jahrhunderte,*
> *Ein rechter Schuh, dies Bettlervaterland*
> *Ein Ding, worauf man hält, delphinumtanzt*
> *Und stattlich: so durch ihn.*
> (SD, 89)

Die halbe Insel ist vordergründig natürlich die italienische Halbinsel, der Stiefel, scheint aber in nicht unkomischer Doppeldeutigkeit auch für den einen, den sozialistischen Teil des halbierten

Deutschlands zu stehen und dafür, daß dieser Teil sich gerade in der Ära Ulbricht zu einem selbständigen und ganzen Staat entwickelt hatte. So wurde er »fast bewohnbar schon« (ebd.), das heißt, er entstieg dem rohen und bloß das Vormalige negierenden Sozialismus der Anfangszeit. Hacksens Urteile über die Geschichte des Sozialismus, über Ursachen und Funktionen seiner verschiedenen historischen Abschnitte, über seine verschiedenen Formen und regionalen Ausprägungen wäre als Thema durchaus eine eigenständige Untersuchung wert. Zunächst muß der Hinweis genügen, daß Hacks im Sozialismus der DDR, und zwar in dem der Ulbrichtzeit, die am weitesten entfaltete Form des sozialistischen Gesellschaftsmodells sah. So gibt er etwa als eine der Bedingungen für das Zustandekommen von Klassik an:

Ein neu und rühriger Lebensinhalt, welcher auf eine vorhandene Lebensweise von Kultur oder doch wenigstens Brauchtum trifft. Tüchtigkeit messe sich mit Form, und nicht so unvermittelbar feindlich, daß sie dieselbe als unverträgliche abstoßen muß, sondern fähig ist, sie bei einer Art mißbilligender Anerkennung im Wetteifer aufzuheben.
(HW XIII, 131)

Revolution allein, soll das heißen, macht noch kein Glück. Eine Gesellschaft, die auf der sterilen Alleinherrschaft einer bestimmten Idee beruht, kann keine Lebendigkeit hervorbringen. Es bedarf der Vermittlung dieses neuen Inhalts mit den überlieferten Formen des Lebens, und genau für diese Vermittlung steht, im Ensemble der Sozialismen und während einer Zeit, da man sich in China daran macht, die *Vier Alten* aus der Gesellschaft auszutilgen, die Politik Ulbrichts wie keine andere:

Das Neue Ökonomische System ist die historische Stelle, wo der Sozialismus aus der bloßen und beschränkten Verneinung der Ausbeutergesellschaft sich steigert zur Aufhebung aller geschichtlichen Leistungen vor ihm. Als der Sozialismus schwach

war, unterschied er sich von der Weltzivilisation, indem er sie verleugnete; nun, da er stark ist, unterscheidet er sich von ihr, indem er sie frißt. Sie drückt ihn nicht im Magen; er verdaut sie; er läuft nicht mehr Gefahr, bei diesem Stoffwechsel Schaden an seiner Substanz zu nehmen. Der Kolchos [...] war reif, als er dem Kulaken so überlegen war, daß er ihn brauchte. Weil der Sozialismus fest sitzt, können [...] bürgerliche Tugenden (Genußfähigkeit, Spezialistentum) sozialistische Tugenden werden.
(HW XIII, 89)

Hinter dem, was Hacks hier in seinen eigenen Begriffen sagt, steckte bei Ulbricht – der es freilich so nie gesagt haben würde – ein genaues wirtschaftspolitisches Kalkül.[31] Das Neue Ökonomische System griff in der Tat auf Mittel der Wirtschaftsführung zurück, die von vielen Kommunisten längst überwunden geglaubt oder als bloß noch der Überwindung harrend angesehen wurden. Indem es die Funktion der Planung differenzierter verstand, das meint: den Handlungsspielraum der einzelnen Betriebsleiter und – wir werden hellhörig – den Einfluß der Fachleute auf die Wirtschaftsplanung erhöhte, war es in der Tat eine Rücknahme; eine Rücknahme aber vor allem von vereinfachten Vorstellungen über den Ablauf einer Planwirtschaft. Traditionell verstand man die Planung als zentrale Mengenvorgabe an jeden Zweig und jeden einzelnen Betrieb. Der Ablauf der Wirtschaft war daher rein administrativ. Im Neuen Ökonomischen System hatte der Plan jedoch nicht mehr die Aufgabe, jede Einzelheit zu regeln, sondern er sollte perspektivisch den Rahmen setzen, innerhalb dessen die verschiedenen Akteure der Wirtschaft zum selbständigen Handeln angehalten waren. Wenn Planung bedeutet, bestimmte Ziele durch vorauslaufende Berechnung möglichst effektiv und vollständig zu erreichen, muß man das Neue Ökonomische System im Vergleich zur rein administrativen Planwirtschaft sogar als eine höhere Form von Planung ansehen, denn es gibt in einer jeden Volkswirtschaft, sobald sie nur einen gewissen Umfang hat, nicht wenige Entscheidungen, die sich vor Ort und ad hoc viel besser treffen lassen als in einer zentralen Plankommission.

Mit der Steigerung der Eigenverantwortung einzelner Betriebsleiter war allerdings ein Impuls geschaffen, der der Vergesellschaftung der Produktion, die ja im marxistischen Grundverständnis als Hauptzweck der Epoche galt, entgegenwirkte. Es zeichnete sich in der Entwicklung der sozialistischen Gesellschaft ein Widerspruch zwischen Produktivität und Vergesellschaftung ab. Derselbe Widerspruch zeigte sich auch in der Behandlung der Frage nach dem Fortbestehen des Wertgesetzes im Sozialismus. Das früher nur als ausschließender Widerspruch zu denkende Verhältnis von Plan und Markt wurde in den Mittelpunkt des praktischen Interesses gerückt; die Warenproduktion wurde nicht mehr nur als bloßes Muttermal der Klassengesellschaft verstanden, als Rudiment vergangener Verhältnisse, das sich im Laufe der Entwicklung auszuwachsen hatte, sondern in modifizierter und damit, wie man meinte, kontrollierbarer Form im Rahmen der gesamtgesellschaftlichen Planung zum Vorteil des wirtschaftlichen Wachstums eingesetzt. Es wurde ein »System ökonomischer Hebel« installiert, das den wirtschaftlichen Erfolg begünstigen sollte. Diese Anreize bezogen sich gleichermaßen auf den einzelnen Produzenten wie auf die einzelnen Betriebe. Durch die Einführung der selbständigen Rechnungsführung waren die Betriebe angehalten, Gewinn zu machen, wodurch sie in den Zwang kamen, effektiver zu wirtschaften. Durch den Gewinn erstreckte sich der Wettbewerb zwischen den Betrieben nunmehr auch auf die Qualität der Erzeugnisse. Da Gebrauchswert nicht meßbar ist und sich in nichts anderem als eben im Gebrauch erweisen kann, war die Marktsituation die einzige Möglichkeit, einen Anzeiger für die Produktqualität zu erhalten. In der traditionellen Planwirtschaft war die hauptsächliche Kennziffer die Bruttoproduktion, d.h. das mengenmäßige Wachstum. Diese Beschränktheit führte dazu, daß in vielen Betrieben die Planerfüllung und -übererfüllung zu Lasten der Produktqualität ging. Hiervon übrigens handeln Hacksens »Sorgen und die Macht« (1959–1961):

Und viel, viel, viel, schreit die Regierung, ders
Um Katarakte geht von Energie;
Sie murmelt auch von Qualität was, aber
Lobt dich für die Menge.
(HW III, 8)

Was unterdessen den einzelnen Produzenten betrifft, so bestand der ökonomische Hebel hauptsächlich darin, ihn durch »materielle Interessiertheit« zu höheren Leistungen zu stimulieren. Kurzum, das System funktioniert nach dem, freilich wieder sehr harmonisch formulierten, Grundsatz: »Was der Gesellschaft nützt, muß auch dem einzelnen sozialistischen Betrieb und den Werktätigen des Betriebes nützen.«[32]

Eigenverantwortung, Marktbeziehungen, Gewinn, materielle Interessiertheit – dieses Rückgreifen auf bewährte Mittel und das Einsetzen derselben in den neuen Zusammenhängen stieß innerhalb der SED nicht nur auf Freunde. Auch hier war es vor allem der dogmatische Flügel, dem bei Ulbrichts Politik unwohl war. Diesen Funktionären schien das Neue Ökonomische System ein Schritt zurück zu sein. Es ist oben bereits zusammenfassend festgehalten worden, daß sich in den sechziger Jahren deutlicher denn je abzeichnete, daß zwischen Produktivität und Vergesellschaftung ein Widerspruch bestand. Erst wenn man diese Verhältnisse im Hinterkopf hat, wird man verstehen, was Lucia meint, wenn sie über Quirini sagt: »Vielen / Galt er als Zauderer, so weit in die Folgen / Reichte sein Blick« (SD, 89). Hacks wird später schreiben, daß Ulbrichts Sozialismuskonzept sich auch gegen einen »übereilten und vorweggenommenen Kommunismus« (AEV, 129) richtete. Diese Verzögerung aber, dieses Konservieren des gesellschaftlichen Zustandes hatte seinen Grund in der Tat darin, daß Ulbricht im Gegensatz zu seinen Kritikern vom linken Flügel begriffen hatte, daß der Sozialismus sich nur würde behaupten können, wenn er sich als hinreichend produktiv erweist, und daß er diese Produktivität in einem Zustand der vollständigen Vergesellschaftung, sprich: des Kommunismus, nicht würde halten können. Da nicht wenige Kommunisten diese Einsicht nicht besaßen, weil sie entweder die vollständig vergesellschaftete Produktion auch als höchste Stufe der Produktivität annahmen oder, auch das kam vor, der Frage nach der Produktivität keine große Bedeutung beimaßen, war es nur natürlich, daß Ulbricht ihnen als bremsender Zauderer galt. Das Urteil der Masse ist selten gerecht. Fabius, auch einer dieser Römer, wird bis heute der Cunctator genannt, obgleich doch seine Ermattungsstrategie der Schlüssel zum Erfolg gegen Hannibal war.

Man begreift vielleicht den vielberätselten Grund, aus dem Hacks eine so hohe Meinung von Ulbricht gewinnen konnte. Ulbrichts Einsicht, daß langsamer mitunter schneller sein kann, daß also die Politik das Entwicklungsvermögen der Wirklichkeit nicht überfordern darf, mithin seine Emanzipation von einem bloß revolutionären Verständnis des Sozialismus, seine Orientierung auf einen Zustand des Gleichgewichts der verschiedenen gesellschaftlichen Kräfte, das ist eben, was Hacks die fröhliche Resignation der Kommunisten genannt haben würde. Er wußte um die Neigung der marxistischen Geschichtswissenschaft, ausschließlich die Revolution als die »ihr einzig lieb[e] Vermittlung« (HW XIII, 316) geschichtlicher Konflikte zur Lösung gesellschaftlicher Probleme in Anschlag zu bringen, und er brachte gegen diese Neigung ein anderes Verständnis von Sozialismus ins Spiel: die Revolution hat nur »die Grundtatsachen geschaffen«, aus denen sich eine große Zahl von Möglichkeiten ergibt; die Arbeit, »die in einer Weltetappe eingewickelten Möglichkeiten auszuwickeln« sei dagegen eine evolutionäre, für die »eine Menge Wirklichkeitskenntnis und Phantasie« (AEV, 25) erforderlich ist. Was diese Sorte politischer Arbeit so sehr viel schwerer macht als das bloße Vollziehen einer gesellschaftlichen Umwälzung, ist, daß in ihr ein gerechter und bedachter Umgang mit Widersprüchen erfordert ist. Die Revolution ist nichts anderes als das Übergewichtnehmen der einen Seite eines (nicht mehr oder überhaupt nie vermittelbaren) Widerspruchs. Die Begründung und bewußte Entwicklung eines staatlichen Gebildes bedeutet dagegen – was immer es sonst noch bedeutet – die Zurücknahme jeglichen Übergewichts einer Seite, das Herstellen einer Mitte und eines Gleichgewichts zwischen den verschiedenen gesellschaftlichen Kräften, den Richtungen des Landes. Man braucht in der Tat Wirklichkeitskenntnis und Phantasie, um einen solchen Kurs durch die Widersprüche hindurch nehmen zu können; für die Mitte gibt es keine allgemeingültige Regel, sie ist das Bestmachbare, das sich stets nur durch das konkrete Urteil in der konkreten Lage finden läßt. Aus diesem Grund hielt Hacks den Luther für größer als Thomas Müntzer, Heinrich VIII. für bedeutender als Thomas Morus und eben Walter Ulbricht für wichtiger als z.B. Che Guevara. Zugleich aber wird, wer jene evolutionäre Arbeit zu leisten vermag, wissen, daß jeder seiner Wege, alte Probleme zu lösen, gleichwohl neue Probleme hervorbringt. Auch diesen Umstand reflektiert Lucia in ihrer Quirini-Rede:

> [...] *Aber indem*
> *Erfolg er siegend häufte auf Erfolg,*
> *Häufte er Schwierigkeit – und wußte es*
> *Und lang vor uns – auf Schwierigkeit.*
> (SD, 90)

Über die Widersprüche, die mit Ulbrichts Politik verbunden waren, von ihr erzeugt oder verstärkt wurden, ließe sich gewiß einiges sagen. Hier wollen wir es mit dem sein Bewenden haben lassen, was bereits vorgezeichnet wurde und für die Zwecke dieser Untersuchung relevant ist. Ein Widerspruch der Ulbrichtschen Politik wurde nun dadurch bewirkt, daß zum Zwecke der Steigerung der Produktivität und der Entwicklung der Produktivkräfte der Einfluß der Fachleute auf die Wirtschaftsplanung erhöht worden war. Der Wachstumsprozeß war aus seiner (durch die Folgen von Krieg und Teilung notwendigen) extensiven Phase in die intensive übergegangen, die Verwissenschaftlichung der Produktion stand daher auf der Tagesordnung. Ökonomen, Ingenieure und Naturwissenschaftler, Spezialisten also, oder sagen wir doch am besten: Leistungsträger, wurden in den sechziger Jahren zu bestimmenden Kräften in der Wirtschaft. Es entstanden Forschungszentren, die, eng verwoben mit der Wirtschaft, großen Einfluß auf die Bewegungen des ökonomischen Systems erlangten. Bereits 1957 war der Forschungsrat gegründet worden, der als beratenes Gremium der Staatsspitze zur Verfügung stand und in dem führende (und zumeist parteilose) Wissenschaftler des Landes saßen. Vom erhöhten Einfluß der Fachleute war damit sowohl die konkrete Entwicklung in den Betrieben betroffen, ihre Leitung und die Kooperation mit den Forschungszentren, als auch die zentrale Wirtschaftsplanung, der sogenannten Perspektivplan, der durch stärkere Orientierung auf die realen Gegebenheiten und mehr als vorher durch wissenschaftliche und ökonomische Gründe bestimmt war. Gegen diesen gewachsenen Einfluß der Leistungsträger sträubte sich naturgemäß der linke Flügel der Partei, und wenn der Widerstand zunächst nicht sehr groß war und erst seit 1965 merklich zu wachsen begann, dann lag das nicht zuletzt an der Autorität Walter Ulbrichts, der als 1. ZK-Sekretär den Parteiapparat lange im Griff behalten konnte. Hinter dem Unwillen gegen den gestärkten Einfluß der Leistungsträger steckte indes mehr als nur die Unlust eines Apparats, der seinen Einfluß schwinden sah. Mit der Stärkung der Leistungsträger – und hiermit kommen wir auf besagten Widerspruch – stieg auch die Gefahr einer politischen Fehlorientierung der Wirtschaft. Die Ökonomen und Technokraten verstanden viel davon, wie man eine Wirtschaft zum Laufen bringt, sie machten sie effektiver und innovativer, sie erhöhten die Qualität der Produkte. Was indes ihrer Denk- und Arbeitsweise weithin fremd blieb, das war die Frage, wozu der ganze Aufwand betrieben wurde. Vom sittlichen Zweck der Humanisierung des Produktionsprozesses, die sich sowohl in dem Prozeß der Produktion (Abschaffung der Ausbeutung, Recht auf Arbeit, humane Arbeitsbedingungen) als auch in dessen Resultat (weitgehende Bedarfsproduktion, niedrige Preise) zeigte, waren sie kaum betroffen. Das freie Walten des Leistungsprinzips, die unbegrenzte Macht der Fachleute und Wirtschaftleiter hätte über kurz oder lang in Zustände geführt, die von denen des Kapitalismus kaum noch zu unterscheiden gewesen wären: Beseitigung der zentralen Planung, damit blind wirkendes Wertgesetz und freie Konkurrenz, Krisenzyklus, Preistreiberei, rücksichtslose Rationalisierung, soziale Ungerechtigkeit, alleinige Orientierung auf den Gewinn, Reduktion der Bedarfsorientierung der Produktion auf die zahlungsfähige Nachfrage. Hacks spricht 1977 von der »Frechheit der Rechten, also der Wirtschaftsfraktion, mit ihren heimlichen Preistreibereien, den Tricks und ihrer Lust, alles zu rationalisieren, also alle Betriebe zu schließen, die nicht 19 % Rendite brachten« (GmH, 158). »Selbst Ulbricht«, fügt er hinzu, »konnte sie am Ende nicht mehr bremsen.« Lucias Aussage über Quirini unterstellt nun, daß dieser sich, und zwar früher als alle anderen, der Schwierigkeiten, die die Erfolge seiner Politik mit sich brachten, bewußt war. Ulbricht, heißt das, ist von den Folgen seiner Politik nicht einfach überrascht worden; er hat, so will es der Verfasser des »Numa«, seine Politik bei vollem Bewußtsein ihrer Widersprüchlichkeit ein- und durchgeführt. Obgleich es nun eine Eigenart Walter Ulbrichts war, insbesondere über Widersprüche einen Deckmantel von Harmonie und Einheit zu werfen, läßt sich sogar eine Stelle finden, die Hacksens Vermutung, zu der er freilich auch ohne Kenntnis dieser Äußerung Grundes genug gehabt hätte, bestätigt: »Von ihnen«, sagt Ulbricht über die Kritiker vom linken Parteiflügel, »hört man das Argument, die Einführung des neuen ökonomischen Systems der Planung und Leitung sei mit Risiken verbunden. Das wird gar nicht bestritten. Die Genossen sollten aber begreifen, daß das Stehenbleiben bei den alten, überholten Methoden der Leitung der Wirtschaft weit mehr als ein Risiko, nämlich eine ernste Gefahr für die Erfüllung der vor uns stehenden Aufgaben wäre. Diese Aufgaben haben wir uns nicht ausgesucht. Sie sind objektiv herangereift. Und wir müssen sie meistern, wenn wir in der ökonomischen Auseinandersetzung mit dem Kapitalismus bestehen wollen.«[33]

Soweit nun die historisch konkrete Kulisse, vor der die Handlung des »Numa« vorzustellen ist. Das Stück operiert mit poetischem Vokabular, der Widerspruch zwischen Produktivität und Vergesellschaftung erscheint dort ideell verdichtet als jenes Verhältnis, das zu betrachten wir uns vorgenommen haben: das von Reichtum und Gleichheit. Es ist niemand als Numa selbst, der die Bedeutung dieses Widerspruchs ausführt: »In der bisherigen Geschichte gab es Zeiten der Gleichheit aller und Zeiten der Bevorrechtung einiger«, Urgesellschaft und Klassengesellschaft also, »diese wie jene waren notwendig, und diese wie jene waren schrecklich« (SD 110f.). Solange Gleichheit war, fehlte der Reichtum, und als der Reichtum sich einstellte, schwand die Gleichheit. Beide Zustände, weil in ihnen das je andere fehlt, sind Numa nicht erstrebenswert, und so formuliert er das Ziel der Kommunisten:

Wir erstreben Gleichheit und Reichtum, aber wie soll sich Reichtum mit Gleichheit abfinden, und wie soll Gleichheit nicht gegen Reichtum kämpfen?
(SD, 111)

Die innere Logik dieser Rede läßt sich vielleicht so beschreiben: Reichtum widerspricht der Gleichheit, weil er ohne Leistung nicht möglich ist, Leistung aber wiederum Ungleichheit schafft; einmal als solche, indem der Leistungsträger seine Tätigkeit ausübt, zum anderen, indem seine Tätigkeit eine unverzichtbare ist und er daher Vorrechte und bessere Vergütung zugeteilt bekommt. Aber nicht nur Leistung schafft Ungleichheit, Ungleichheit ist selbst bereits die Voraussetzung für Leistung; einmal im Sinne von Stimulation, insofern die meisten Individuen erst durch materielle Anreize dazu gebracht werden können, sich in ihrer Leistung zu überbieten, zum anderen im Sinne von Entfaltungsmöglichkeit, indem die Gesellschaft, wenn sie auf Leistung Wert legt, den Individuen einen gewissen Raum lassen muß, ihren unterschiedlichen Neigungen und besonderen Begabungen folgen zu können, indem sie also die Differenzierung und Spezialisierung der unterschiedlichen Produzenten nicht verhindert, sondern fördert. Wir erinnern uns; bereits 1957 hatte Hacks geschrieben: »Leistungsprinzip, das bedeutet den progressiven Charakter von Ungleichheit, während doch für den Progreß kein anderes Ende gedacht werden kann als Abschaffung der Ungleichheit.«[34] Dieses Paradoxon ist aber nichts anderes als der Widerspruch zwischen der Utopie des Sozialismus und seiner Wirklichkeit. Der Grundstein für sein Verständnis wird im Stück bereits durch die Rede über Quirini gelegt. Lucia, wie wir erinnern, hatte neben der Größe auch von den Schwierigkeiten der Herrschaft Quirinis gesprochen. Ihr Versuch, diese Schwierigkeiten in Worte zu fassen, nimmt sich wie folgt aus:

> *Welch höchstes Bild des Beieinanderlebens*
> *Wir uns auch immer hoffend ausgesonnen,*
> *Es zeigte Leute, die sich ähnelten,*
> *Denn alle Vorzüge in ihnen hatten*
> *In unserm Traumgebilde wir vereinigt*
> *Und übersehen, daß es Schönheiten*
> *Des Geists gibt, die, gleich denen der Natur,*
> *Einander ausschließen, und Tugenden,*
> *Die so unmöglich man in einem Menschen*
> *Gleichzeitig wohnend trifft wie Mond und Sonne*
> *An einem Himmel.*
>   (SD, 90)

Mit diesen Worten weist Lucia auf eine Seite am Hacksschen Utopie-Begriff hin, die wir im Abschnitt zur »Eröffnung des indischen Zeitalters«, wo Grundlegendes zu diesem Begriff gesagt wurde, noch nicht stärker beleuchtet haben und die jetzt eine nähere Betrachtung verdient. Wir sprechen vom Begriff des Ideals, zu dem für Hacks seine Nichtrealisierbarkeit gehört; ein Ideal kann immer nur in der Annäherung erreicht werden (vgl. FR, 26f.; HW XIII, 222f. u. 235). Der Grund für diese Unerreichbarkeit liegt darin, daß ein Ideal die verallgemeinerte und reine Form eines Bedürfnisses, einer Haltung oder eines anthropischen Vermögens ist und die Wirklichkeit eine Umwelt, in der es nicht verweilen kann, denn Ideale sind »durch Einseitigkeit eitel und in ihrem Ausschließlichkeitsanspruch undurchführbar« (HW XV, 237). Undurchführbar sind sie aber auch in bezug aufeinander, denn sie widersprechen sich gegenseitig und »lassen sich nicht in einem einzelnen lebendigen Menschen versammeln« (HW XV, 113). Es ist nun derselbe Inhalt, wenn Lucia sagt, daß es »Tugenden« gibt, die man »so unmöglich [...] in einem Menschen / Gleichzeitig wohnend trifft wie Mond und Sonne / An einem Himmel«. Was hierunter zu verstehen ist, leuchtet unmittelbar ein, wenn man sich etwa die Figurenpaare der griechischen Mythologie vor Augen führt, deren Bedeutung seit langer Zeit festgelegt ist und die – denn im Gegensatz zu Shakespeare ist den griechischem Tragikern die Psychologie noch kaum zwischen die Idee und ihre Gestaltung gekommen – die Ideen, die sie verkörpern, in einer Reinheit auf die Bühne bringen, die nirgends wieder erreicht wurde, ohne daß die dramatische Gattung dabei gelitten hätte. Antigone und Kreon schließen einander so absolut aus, wie Oikos und Polis oder Philia und Staatsräson sich einmal ausschließen. Hippolytos und Phaidra sind so unvereinbar, wie Keuschheit und Lust es nur eben sind. Indem Phaidra krank vor Liebe ist, kann an ihr kein Gramm Keuschheit sein, an Hippolytos umgekehrt ist kein Gramm Liebe, da er der keuschen Artemis so ausschließlich folgt. Wenn Lucia nun von »Schönheiten des Geists« und von »Tugenden« spricht, meint sie – denn was anders wären Ideale? –, daß die sozialistische Utopie nicht in dem Maße, d.h. nicht so vollkommen durchführbar ist, in dem es bei Marx und Engels angedacht war. Hacks sagt es 1974 ganz ähnlich:

Es gab ja mal bei uns den Versuch, das sozialistische Ideal als ein noch nicht gemachtes zu definieren. Das scheint mir echter Unsinn, ich glaube auch, was den Begriff des Ideals betrifft, sollte man ganz bei Schiller bleiben. Das Ideal ist eine Sache, die niemals zu machen ist und als solche für das seiende Leben ganz unentbehrlich, weil nämlich in dem Moment, wo man

> *keine Richtung für einen Weg hat, jedes Gehen nicht mehr stattfindet. Es gibt ja dann auch keinen Weg mehr, wenn der Weg kein vorgestelltes Ende hat. Aber von diesem vorgestellten Ende muß man wissen: Es ist etwas, das man nicht erreichen wird. Eigentlich ist es wie die absolute Wahrheit bei Lenin. Eine Sache, von der wir erstens wissen, wir werden sie nie erreichen, aber zweitens im Erkenntnisprozeß werden wir uns ihr annähern. Also ist der Erkenntnisprozeß nicht ein beliebiges In-der-Welt-Herumtasten, sondern ein Fortschritt, also, der ganze Fortschrittsbegriff fällt ja mit dem Begriff des Ideals.*
> (FR, 26)

Nicht realisierbar bedeutet also genauer: niemals vollständig, aber näherungsweise realisierbar. Und dieses nicht erreichbare Ziel soll nun einerseits stets in seiner Reinheit erinnert werden, weil es nur als absolut formuliertes für die Praxis zur Orientierung dienen kann, zum anderen aber sollen die Menschen, die es derart umzusetzen versuchen, stets wissen, daß das Ziel in dieser Reinheit nur im Denken bestehen kann und in der Wirklichkeit nur in weniger reiner Form erreichbar ist. – Eine Konstruktion, die Denkkraft, mithin einige Freude an widersprüchlichen Zuständen bezeugt. Freilich auch eine Konstruktion, die viele Menschen leicht überfordern kann; widersprüchliche Verhältnisse lassen sich nicht auf einzelne Merksätze herunterbrechen, ohne dabei ihren Sinn zu verlieren. Zwei Jahre später formuliert Hacks über die Ziele des Kommunismus denselben Gedanken etwas griffiger:

> *Echte Ideale sind der allseitig ausgebildete Mensch oder das Jedem nach seinen Bedürfnissen [...]; sie liegen in der Zukunft und zugleich im Nirgendwo; wir wissen, das kriegen wir nie und müssen es immer kriegen wollen.*
> (HW XIII, 235)

In diesem Zusammenhang mag man vielleicht auch die Pointe verstehen, die Hacks 1988 in der Sache nachliefert, wenn er über den Kommunismus schreibt, er finde statt »im Jahr unendlich«.³⁵ Es kann also kein Streit darüber herrschen, *ob* Hacks den Kommunismus – wenngleich er gelegentlich denselben Begriff auch in einfacherer Weise gebraucht – als Ideal verstanden hat. Zur Frage, *warum* er in ihm ein Ideal sieht, gibt gerade der Widerspruch von Reichtum und Gleichheit und mit ihm der von Leistung und Demokratie Aufklärung. Im selben Jahr 1988 schreibt der Dichter:

Nun ja, was ist denn Kommunismus? Kommunismus ist die beliebige Verteilung aller beliebig vermehrbaren Güter. Gewisse Güter freilich gehen nicht beliebig zu vermehren, etwa Kunstwerke, große Edelsteine oder handgefertigte Autos. Andere Güter hören, wenn man sie unter jedermann verteilt, auf, Güter zu sein, etwa eine Meeresküste oder ein Hofratstitel; sie sind dann zwar allgemein, aber nicht mehr erstrebenswert. Manche schlagen vor, die Gleichheit herzustellen, indem man auf derartige Güter verzichtet, was aber denn doch einen zu starken Einwand gegen den Gedanken der Gleichheit liefern würde; die Wörter Kommunismus und Verzicht dürfen nicht in einen Satz. Die kommunistische Gleichheit darf nicht von oben her, sie kann nur von unten her eintreten. Sie entledigt sich der Armen, niemals der Reichen. Immer mehr und immer wertvollere Güter werden verschenkt; es ist kein Vorrecht mehr, sie zu besitzen; so wird die Zahl der Vorrechte kleiner und wird sehr klein und wird doch nie ganz verschwinden. Jene ihrer Natur nach seltenen Güter nämlich bleiben verdienten und um ihrer Verdienste willen vorgezogenen Personen vorbehalten. Nicht daß diese ohne derlei Raritäten gar nicht leben könnten, aber sie schätzen ihr bißchen Vorgezogenheit als Ausdruck dafür, daß die Gesellschaft ihre überdurchschnittlichen Anstrengungen würdigt; denn es ist eine große Arbeitserschwernis, begabt zu sein. Es gibt also immer Personen mit gesellschaftlichen Vorrechten.
(HW XIV, 210)

Helden und Menge

In diesen Worten, wie auch in den zuvor zitierten Stellen, liegt offenbar einiger Sprengstoff für das klassische Verständnis des Marxismus verborgen. Ob das Pulver allerdings trocken genug ist und ob eine brennbare Lunte an diesem Sprengsatz anliegt, müßte genauer geprüft werden. Es wäre ja denkbar, daß die Theorie des Marxismus, wie sie bei Marx und Engels modelliert ist, von den Überlegungen, die Peter Hacks hier anstellt, unberührt bleibt. Denkbar auch, daß Hacks mit seinen Überlegungen so weit vom klassischen Marxismus gar nicht entfernt ist. Freilich soll man Differenzen, wo sie feststellbar sind, nicht glätten, sondern natürlich als solche herausstellen. Vermittlungen sind nur dort möglich, wo das Widersprechende zunächst mit Entschiedenheit in seinen Momenten festgehalten wurde. Der Kommunismus wurde (und wird), wo er gedacht wird, als Beieinander von Reichtum und Gleichheit gedacht; er ist damit ein Miteinander von Unvereinbaren, eine Utopie. Das und die Schwierigkeit, die aus diesem gedachten Beieinander für das theoretische Selbstverständnis des Marxismus entsteht, soll in den folgenden Absätzen untersucht werden.

Natürlich streiten Marx und Engels vehement ab, daß der Kommunismus überhaupt eine Utopie ist. »Der Kommunismus«, heißt es in der »Deutschen Ideologie«, ist »nicht ein *Zustand*, der hergestellt werden soll, ein *Ideal*, wonach die Wirklichkeit sich zu richten haben [wird]. Wir nennen den Kommunismus die *wirkliche* Bewegung, welche den jetzigen Zustand aufhebt« (MEW 3, 35). In der Formel von der wirklichen Bewegung klingt an, was auch Hacks mit seinem Gedanken der steten Annäherung an das Ideal im Kopf hatte. Indem Marx und Engels jedoch erklären, daß der Kommunismus nicht das Ideal sei, das es zu erreichen gilt, sondern der Weg, auf dem es erreicht wird, haben sie zwar geschickt den Kommunismus von dem für sie offenbar peinlichen Verdacht freigesprochen, ein Ideal zu sein, aber nicht die Frage geklärt, was denn nun, wenn nicht der Kommunismus, als Ziel dieser Bewegung vorzustellen ist. Eine jede Bewegung braucht ja ein Ziel, denn wo kein Ziel vorgestellt ist, wird der Weg beliebig, und diesen Umstand wird man auch dann nicht los, wenn man über das Ziel erklärt, daß es ja eigentlich nur der Weg sei. Natürlich verhält es sich nicht anders als so, daß Marx und Engels – und gerade etliche Passagen der »Deutschen Ideologie« geben hiervon Zeugnis – den Kommunismus auch als Zustand denken, und zwar als einen geschichtlichen Zustand bestimmter Beschaffenheit, von dem sie meinen, daß er endlich erreichbar ist. Es ist bei ihnen der Kommunismus ebenso sehr das Ziel der Bewegung wie die Bewegung selbst, und in dieser Bewegung sollen Gleichheit und Reichtum ebenso verwirklicht *werden*, wie sie im Resultat verwirklicht *sein* sollen.

Die Gleichheit steckt zunächst in der allgegenwärtigen Forderung, die Ausbeutung abzuschaffen. Nachdem der Kapitalismus, indem er die Feudalverhältnisse verdrängt hatte, die juristische Gleichheit zwischen Ausbeuter und Ausgebeuteten hergestellt hat, blieb an ihm immer noch die ökonomische Ungleichheit, daß einer sich des anderen Arbeitskraft aneignet. In dem Ziel, keinem einzelnen Menschen vor anderen ein Vorrecht auf die Produktionsmittel oder den Arbeitsertrag zu gestatten, in der vollständigen Vergesellschaftung der Produktion also, ist keine andere Absicht verborgen als die Herstellung der Gleichheit. Darüber hinaus ist der Kommunismus bei Marx und Engels auch gedacht als – so merkwürdig das zweifellos klingt – die Aufhebung der Arbeitsteilung. Marx spricht von »einer höheren Phase der kommunistischen Gesellschaft, nachdem die knechtende Unterordnung der Individuen unter die Teilung der Arbeit, damit auch der Gegensatz geistiger und körperlicher Arbeit verschwunden ist« (MEW 19, 21).[36] Und die Aufhebung der Arbeitsteilung bedeutet ebenfalls nichts anderes als das Herstellen von Gleichheit. Drittens endlich benutzt Marx selbst den Begriff der Gleichheit. Gleichheit, sagt er, ist erst möglich im Kommunismus; in der Transformationsperiode (sprich: im Sozialismus) ist sie ein widersprüchlicher Begriff: »Das Recht der Produzenten ist ihren Arbeitslieferungen *proportionell*; die Gleichheit besteht darin, daß an *gleichem Maßstab*, der Arbeit, gemessen wird. Der eine ist aber physisch oder geistig dem andern überlegen, liefert also in derselben Zeit mehr Arbeit oder kann während mehr Zeit arbeiten; und die Arbeit, um als Maß zu dienen, muß der Ausdehnung oder der Intensität nach bestimmt werden, sonst hörte sie auf, Maßstab zu sein. Dies *gleiche* Recht ist ungleiches Recht für ungleiche Arbeit. Es erkennt keine Klassenunterschiede an, weil jeder nur Arbeiter ist wie der andre; aber es erkennt stillschweigend die ungleiche individuelle Begabung und daher Leistungsfähigkeit der Arbeiter als natürliche Privilegien an. *Es ist daher ein Recht der Ungleichheit* [...] Um alle diese Mißstände zu vermeiden, müßte das Recht, statt gleich, vielmehr ungleich sein« (MEW 19, 20f.). Damit ist zweierlei gesagt. Erstens, auch nach einer Abschaffung von Ausbeutungsverhältnissen und einer Vereinigung aller Produzenten in einer Klasse bliebe die Ungleichheit zwischen den Menschen durch ihre unterschiedliche Leistungsfähigkeit und durch ihre unterschiedlichen Bedürfnisse bestehen; zweitens, indem Leistungsträger und gewöhnlicher Arbeiter gleich behandelt werden, geraten sie durch die Ungleichheit ihrer Leistungen zueinander in Ungleichheit, das Recht, daß ein jeder nach seiner Leistung bezahlt werde, ist somit zwar gerecht, schafft aber Ungleichheit. Umgekehrt, so ließe Marxens Gedankengang sich vervollständigen, wäre dort, wo alle Produzenten denselben Lohn erhielten, zwar die Gleichheit, die im anderen Fall fehlte, geschaffen, aber indem der schlechtere Produzent im Verhältnis zum besseren besser behandelt wird, auch wieder Ungleichheit geschaffen. Folglich sagt Marx, daß »diese Mißstände [...] unvermeidbar« (MEW 19, 21) sind, solange der Kommunismus nicht voll entfaltet ist. Die Lösung des Problems sieht er nun ausgerechnet in jenem anderen Ideal, von dem Numa (und mit ihm Hacks) behauptet, daß es sich der Gleichheit entgegensetzt, im Reichtum nämlich. Bereits in der »Deutschen Ideologie« heißt es: die »Entwicklung der Produktivkräfte [ist] eine absolut notwendige praktische Voraussetzung, weil ohne sie nur der *Mangel* verallgemeinert, also mit der *Notdurft* auch der Streit um das Notwendige wieder beginnen und« – die Stelle ist zu amüsant, hier abzubrechen – »die ganze alte Scheiße sich herstellen müßte«

(MEW 3, 34f.). Reichtum ist somit zunächst überhaupt die Bedingung für den Kommunismus.[37] Aber auch in bezug auf den von Marx als erste Phase des Kommunismus verstandenen Sozialismus macht sich der Unterschied deutlich: Erst in der »höheren Phase der kommunistischen Gesellschaft, [...] nachdem mit der allseitigen Entwicklung der Individuen auch ihre Produktivkräfte gewachsen und alle Springquellen des genossenschaftlichen Reichtums voller fließen [...] kann der enge bürgerliche Rechtshorizont ganz überschritten werden und die Gesellschaft auf ihre Fahne schreiben: Jeder nach seinen Fähigkeiten, jedem nach seinen Bedürfnissen!« (MEW 19, 21) Wo alles ausreichend vorhanden ist, da verschwindet, soll das besagen, das Problem der Ungleichheit schaffenden Gleichbehandlung und der Gleichheit schaffenden Ungleichbehandlung. Numa sagt dasselbe:

Wir sind also gezwungen, eine unermeßliche Menge von Gütern zu erzeugen; der Durst nach Vorrecht kann nicht anders getötet werden als ersäuft in Überfluß. Gleicher Reichtum also, reiche Gleichheit.
(SD, 111)

Aber er spricht hier auch als Praktiker, der sich ein Ziel setzt und dieses Ziel zunächst einmal setzen muß, bevor er über den Grad seiner Realisierung nachdenken kann. Wir haben bereits gesehen, daß Hacks selbst dieses Ziel des Verschwindens der Ungleichheit im überfließenden Reichtum für nicht vollständig realisierbar angesehen hat (vgl. HW XIV, 210).

Soviel vom Ziel; doch auch der Weg birgt Widersprüche. Zwischen den mit Reichtum und Gleichheit verbundenen Vorstellungen von Marx und Hacks besteht ein Unterschied, der bezüglich des Sozialismus von großer Wichtigkeit ist. Für Hacks ist das Leistungsprinzip eine Notwendigkeit, die sich aus der Notwendigkeit des Fortschritts der Produktivkräfte, aus dem Zwang, die Produktivität zu steigern, ergibt. »Diese Gesellschaft«, sagt er über den Sozialismus, »braucht, da sie zu einer Überflußgesellschaft

Helden und Menge

werden muß, Leistung« (FR, 23). Für Marx dagegen ist der Sozialismus kein eigenständiges Problem; das Leistungsprinzip ist bei ihm einfach ein Rudiment der Klassengesellschaft, ein »bürgerliches Recht«, und keine notwendige Lebensbedingung desselben. Die Produktivkräfte schreiten für Marx so oder so voran; aus diesem Umstand ja erklärt er erst jene Fälle der Entgegensetzung von Produktivkräften und Produktionsverhältnissen, die in der Geschichte immer wieder zu Umwälzungen geführt haben (vgl. MEW 13, 8f.). Obgleich in diesem Verhältnis eine gewisse Wechselbeziehung eingestanden ist, fragt sich doch, aus welchen Gründen die Produktivkräfte unablässig fortschreiten. Die Produktionsverhältnisse sind ihre Entwicklungsformen, das streitet niemand ab. Was aber bringt die Produktivkräfte dazu, über ihre Form hinauszugehen, diese zu sprengen? Die Formen selbst können es unmöglich sein; man muß nach einem Grund suchen, der tiefer liegt und allgemeiner ist. Die Antwort hat zwei Teile.

Zum einen ist *Mangel* von jeher der entscheidende Stimulus für wirtschaftliche Entwicklungen gewesen. Der alte Satz, daß Not erfinderisch mache, kann sicher nicht gleich ganze Abhandlungen zur Geschichte der Produktivkräfte ersetzen; aber er ist, obgleich sehr einfach, von ungemein durchgreifender Wahrheit und wird auch dann nicht falsch, wenn man berücksichtigt, daß Mangel allein noch keine Entwicklung macht. Mangel nämlich kann so groß werden, daß jeder Ansatz zur weiteren Entwicklung entmutigt und jede Möglichkeit dazu verhindert ist. So verhielt es sich z.B. in der griechischen Eisenzeit (12.–8. Jh. v.u.Z.), die in Folge der Zerstörung der Mykenischen Palastzentren im späten Helladikum zu einer vierhundert Jahre währenden dunklen Periode wurde, in der die Zivilisation nur auf der lokalen Ebene bestehen blieb, ohne allzubald komplexere politische Strukturen herauszubilden und wirtschaftliche Prosperität wiederzuerlangen. Nicht nur Mangel an, auch Befriedigung von Bedürfnissen ist ein Stimulus für die Entwicklung von Produktivkräften, denn Befriedigung von Bedürfnissen weckt neue Bedürfnisse und damit auch weitere Anreize zur Produktion. Am günstigsten sollte ein Zustand des *verhältnismäßigen*

Mangels sein, in dem die Gesellschaft genügend Reichtum und Wissen akkumuliert hat, um weitere Entwicklung zu ermöglichen, aber noch genügend unerfüllte Bedürfnisse offenläßt, die Anreiz für Innovationen sein können. Es läßt sich, dies alles im Kopf, sehr wohl die Frage stellen, wie der Kommunismus, wenn er doch die Befriedigung aller Bedürfnisse darstellen soll, zugleich auch das höchste Niveau der Produktivität verkörpern, wie er also der Gleichheit, die der umfassende Reichtum schafft und bedeutet, weiteren Reichtum und Produktionsmittel schaffen kann, die nötig wären, den hohen Stand der Produktion und Konsumtion aufrecht zu erhalten. Marxens Erklärung, daß mit »der allseitigen Entwicklung der Individuen auch ihre Produktivkräfte gewachsen« (MEW 19, 21) sein werden, scheint ebenso absurd wie die Behauptung von Engels, daß mit der Allseitigkeit der individuellen Arbeit »aus einer Last eine Lust« (MEW 20, 274) werde. Erstens kann wirklich nur jemand, dem das praktische Verständnis für Produktionsvorgänge vollkommen abgeht, glauben, daß die Aufhebung der Spezialisierung eine Steigerung der Produktivität bewirken könne – ein Quantenphysiker, wenn er die Hälfte seiner Lebenszeit damit zubringt, anstatt intensiv seiner Profession nachzugehen, das Handwerk des Kupferschmiedens und die Kunst des Triangelspielens zu erlernen, weil er auch dafür hervorragende Talente mitbekommen hat, wird kaum besser sein in seinem Fach, als wenn er sich ganz auf dasselbe konzentrierte, sondern mit Sicherheit schlechter –, und zweitens scheint der Glaube, daß die Arbeit durch diese Aufhebung von einer Last zu einer Lust werde, eine Art Hochrechnung vom idealen Menschen und idealer Arbeit auf den Menschen und die Arbeit insgesamt zu sein, in Wahrheit jedoch seinen eigentlichen Zweck darin zu haben, daß er der peinlichen Frage, wie eine Gesellschaft ohne den äußeren Anreiz des Mangels zugleich die höchste Produktivität entfalten könne, durch die Behauptung vorbeugen soll, die Menschen brächten dann einfach von selbst, aus innerem Bedürfnis, den Antrieb zu hoher Produktivität auf.

Die zweite Bedingung für die Entfaltung von Produktivität ist offenkundig die *Freiheit*. Nur dort, wo der Produzent in dem, was er arbeitet, auch das Seine sieht, entsteht wirkliches Interesse an der Produktion, entstehen Höchstleistung und Kreativität. Wo er zum bloßen Befehlsempfänger einer Administration degradiert ist, entsteht Desinteresse an den Ergebnissen der Arbeit. Es mag vereinzelt Menschen geben, die auch unter solchen Bedingungen außerordentlichen Elan und Einfallsreichtum zeigen, aber mit Ausnahmen kann man nicht rechnen, wo es um die Einschätzung nicht individueller, sondern gesellschaftlicher Möglichkeiten geht. Die große Menge ist – wie gerade die Geschichte des Sozialismus zeigt – nur durch politischen Druck (Masseninitiativen etc.) zum Elan zu bringen, welche Methode bislang noch immer, nach dem sie ein oder zwei Jahrzehnte bis zur Erschöpfung der Menschen betrieben wurde, in strukturelle Ermüdung und Depression umgeschlagen ist. Wo dagegen dem einzelnen Produzenten Freiraum gelassen wurde, wo er in dem, was er herstellt, auch *seine* Arbeit sehen konnte, wo Initiative nicht durch äußeren Druck, sondern, durch Anreize vermittelt, aus einer inneren Haltung kam, da war auch Raum für Elan und Kreativität, die sich aufgrund des persönlichen Interesses fortwährend reproduzieren und zur dauerhaften Erscheinung werden konnten. Der Ort, wo Freiheit und Mangel am ehesten zusammenfallen, ist das Kleinbürgertum. Der kleine Warenproduzent ist Besitzer von Produktionsmitteln und zugleich auf seine eigene Arbeit angewiesen, er hat das Interesse und den Zwang, die Produktion zu effektivieren. Nächsthin gilt das auch für den Bourgeois, aber im Kapitalismus sind Besitz und Arbeit bereits entgegengesetzt, Interesse an und Möglichkeit zur Entwicklung der Produktivkräfte personell verteilt. Es ist kein Zufall, daß sich seit Beginn der Neuzeit beinahe der gesamte Stand der Spezialisten, Genies und Leistungsträger in Wirtschaft, Kunst und Wissenschaft – und das ist in der gegenwärtigen Gesellschaft nicht anders, als es im Sozialismus oder im Absolutismus der Fall war – aus dem Kleinbürgertum rekrutiert.

Hieraus nun ergibt sich für die sozialistische Gesellschaft ein reales Problem, ein Lebensproblem: Der Sozialismus war von Marx gedacht und wurde von seinen Nachfolgern umgesetzt als diejenige

Gesellschaft, deren historische Aufgabe darin bestand, zum einen die vollständige Vergesellschaftung der Produktion, zum anderen einen Überfluß an allen reproduzierbaren Gütern herzustellen. Gleichheit und Reichtum also sollten in ihm vollständig und gleichzeitig verwirklicht sein. Aber die fortschreitende Vergesellschaftung, die die Gleichheit schaffte, hemmte die Entwicklung der Produktivkräfte und somit des Reichtums, denn Vergesellschaftung bedeutet nicht nur das Aufheben gerade jener *Freiheit*, die die bürgerliche Produktion so stark gemacht, sondern auch, indem sie die Menschen (durch Kündigungsschutz, Sozialleistungen, niedrige Preise usf.) der unmittelbaren Lebensnot enthob, die Aufhebung des *Mangels*, der lange Zeit den wichtigsten Anreiz für die Entwicklung der Produktivkräfte ausgemacht hatte. Das Problem, dem sich jeder sozialistische Politiker zu stellen hatte, lautete: Wie stimuliert man Leistung in einer Gesellschaft, wo die Not nicht mehr vorhanden ist oder zumindest nicht mehr unmittelbar das Individuum bedroht und wo zugleich die wichtigste Produktivkraft, das persönliche Interesse, unbenutzt und in trotziger Opposition gegen das in der Vergesellschaftung vergegenständlichte Allgemeininteresse bleibt? Und Ulbrichts Lösung dieses Problems bestand nun, wie wir oben gesehen haben und womit nun endlich der Bogen geschlossen sei, in dem Rückgriff auf traditionelle Elemente des Wirtschaftens, namentlich darin, daß mittels materieller Anreize und durch die Schaffung von Freiräumen für eigenverantwortliches Handeln die Produktivkraftentwicklung vorangetrieben werden sollte. Der materielle Anreiz mußte, wo keine Not mehr waltete, diese ersetzen, und wo die Freiheit der Warenproduzenten durch die gesamtgesellschaftliche Planung aufgehoben war, sollte eine gewisse Eigenverantwortung, eine verhältnismäßige Freiheit an die Stelle der vormals veritablen Freiheit treten.

Es zeigen sich diese Verhältnisse aber nicht nur in den Worten Lucias und Numas, sondern auch in der Handlung des Stücks. Hierbei ist zunächst bemerkenswert die Konfiguration der Macht. Die Macht, das ist im Stück ganz klar die Partei, die Kämpfe aber, die in ihr stattfinden, sind die Kämpfe der Gesellschaft. So sind zu

Helden und Menge

Beginn des Stücks Lucia und die beiden verfeindeten Politbureau-Mitglieder Romano und Sabino in nicht eben trauter Runde beisammen, denn Lucia hat entschieden, daß möglichst schnell ein Nachfolger für Quirini gefunden werden muß. Das clownhafte Geplänkel zwischen Romano und Sabino mag ein wenig darüber hinwegtäuschen, aber der Hinweise sind im Text genügend hinterlassen, die anzeigen, daß zwischen den beiden nicht einfach nur kleinliche Konkurrenz herrscht, sondern ihr Konflikt inhaltlich begründet ist oder zumindest aus der unterschiedlichen charakterlich-politischen Disposition beider kommt. Lucia sagt unumwunden:

Denn so zu dritt, wie wir hier stehen, stehn
Für alle Richtungen der Willen wir [...]
(SD, 88)

Bleibt man im ideellen Zusammenhang des Stücks, dann ist die Vermutung, daß Reichtum und Gleichheit bei diesen Richtungen eine Rolle spielen, wohl nicht verkehrt. Tatsächlich lassen sich diese beiden Strebungen auf zwei der anwesenden Personen gut verteilen, aber in der Szene sind drei Personen zugegen. Ein Blick über das Stück hinaus mag da helfen; 1977 nämlich äußert Hacks über die politischen Richtungen innerhalb der DDR einen ähnlichen Gedanken:

Es gibt vier Fraktionen, die Anarchisten, die es immer gab
und immer geben wird, die Vertreter von Zahnärzten und
Wirtschaftsbossen sind der revisionistische Flügel, die Vertreter
des Parteiapparates der dogmatische Flügel und eine sehr kleine
Gruppe, zu der ich zähle, ist der Meinung, daß man unter
den Bedingungen einer entwickelten sozialistischen Industrie-
gesellschaft deren gemeinsame Interessen vertreten solle.
(GmH, 162)

Sieht man von der ersten Gruppe einmal ab – sie mag im Stück durch Fauno, vielleicht auch durch Rick Stein verkörpert sein –, dann scheinen drei der »vier Fraktionen« und die drei »Richtungen der Willen« auf dasselbe hinauszulaufen. Die Zahnärzte und Wirtschaftsbosse, das sind die Leistungsträger des Landes, die für den Reichtum der Gesellschaft stehen. Für diese Richtung steht innerhalb des Politbureaus Romano. Der dogmatische Flügel der Partei, die Apparatleute, stehen dagegen für die Gleichheit bzw. die Demokratie. Für diese Richtung ist im Stück Sabino abgestellt. Die letzte Gruppe hingegen ist die, die nicht irgendein partikulares Interesse verfolgt, sondern die Vermittlung dieser einzelnen Strebungen, also die Mitte von Reichtum und Gleichheit, sucht; sie hängt natürlich der Zentralgewalt, der Staatsmacht oder, wie Hacks zweifellos gesagt haben würde: dem König an. Diese Gruppe wird im Stück von Quirini, Lucia und schließlich von Numa verkörpert.

Insbesondere im zweiten Teil der Eingangsszene (vgl. SD, 91–97) werden Romano und Sabino unmißverständlich charakterisiert. Auf der einen Seite Romano. Er ist gebildet, kultiviert und legt Wert auf seine Selbständigkeit im Denken – Charakteristika des Leistungsträgers. Er ist hochmütig; bei jeder Gelegenheit versucht er, seinen Konkurrenten herabzusetzen. Sein Nachname ist übrigens Schweitzer; die Schweiz ist von jeher Sinnbild des Bürgerlichen (entsprechend auch bei Hacks schon in »Margarethe in Aix« verwendet). Er sagt: »Ich mag es sachlich« (SD, 88), und vielleicht wird man auch darin einen Hinweis auf die geistige Nähe Romanos zu den Fachleuten sehen, die sich von den Apparatleuten durch ein weniger politisches als vielmehr sachliches Denken unterschieden. Sabino hingegen zeigt sich in der Szene mehrfach als dogmatischer Scharfmacher. Er läßt sich leicht von Romanos Hochmut provozieren, ist ungebildet (kennt z.B. Seneca nicht) und ideologisch verbogen (variiert Sätze desselben Inhalts). Er glaubt an einfache Verhältnisse und bezweifelt, »daß eine Sache wahr sein kann, die es nicht unter allen Umständen ist« (SD, 93). Seine Spitzfindigkeit und Gesinnungsschnüffelei entspricht ganz jenen innerparteilichen Spürhunden, wie man sie zur Genüge und auch aus der Biographie von Peter Hacks kennt. Als Romano äußert, daß ein Mensch, der ein und denselben Gedanken mehrfach artikuliere, sich in nichts von einem Papagei unterscheidet, pariert Sabino: »Du vertrittst die Auffassung, daß einige Genossen dem Tierreich angehören?« (ebd.) Späterhin wird sich Sabino dann noch ausdrücklich als Gleichheitsmann zu erkennen geben: »Ich für meinen Teil bin stolz, nicht besser zu sein als andere. Jeder könnte mich ersetzen.« Romano wird darauf entgegnen: »Das ist wahr. Deswegen verhinderst du so wütend, daß irgendeiner es tut« (SD, 124). Ganz im Gegensatz dazu kehrt Romano ostentativ sein Desinteresse an einer Parteikarriere heraus, er ist so sehr bestrebt, den Eindruck der Gruppenbildung zu vermeiden, daß man fast fragen möchte, wie er es eigentlich ins Politbureau geschafft hat. Den Vorwurf, einer Fraktion anzugehören, weist er von sich: »Ich räume ein, ich bin mit einer Reihe aufrechter, unabhängiger Männer bekannt« (SD, 95). Natürlich waren die Fachleute und Wirtschaftsleiter individueller als die Parteileute, ihre Eigenverantwortung brachte das mit sich. Umgekehrt brachte der demokratische Standpunkt der Parteileute einen Hang zum Kollektivismus mit sich. Damit ist jedoch nicht gesagt, daß die Leistungsträger keine Interessengruppen gebildet hätten. Gleiche Interessen bilden praktisch immer Gruppen aus, aber die Leistungsträger geben sich im Vergleich zum dogmatischen Flügel der Partei, der aggressiv und offen auftritt, weniger offen als solche zu erkennen. Es mag dies vor allem daran liegen, daß die Fachleute unverzichtbar sind; der Fachmann wird ohnehin gehört, er hat – zumal in der Ära Ulbricht – ohnehin Einfluß, weil er auch ohne Anhang und Partei gesellschaftlich mächtig ist. Nicht zufällig betont Romano denn auch, daß die Leute, die er zu Quirinis Nachfolge vorschlägt, parteipolitisch ohne Ehrgeiz sind (SD, 93f.). Sehr bezeichnend sind auch die Kriterien, die beide zugunsten ihrer Kandidaten anführen. Sabino geht es um ihre moralische und politische Eignung: »Der Generalsekretär muß ein untadliger Genosse sein [...] Insonders als Genosse muß er tadelsfrei dastehen« (SD, 92). Romano geht es um Intelligenz und die fachlichen Fähigkeiten. So hält er Sabino entgegen, daß dessen Kandidaten sämtlich Dummköpfe seien und rühmt seine eigenen Leute als »Könner« (SD, 93). Sicherlich stellt sich, da die betreffenden Personen nicht selbst die Bühne betreten, die Frage, ob diese Charakterisierungen treffend sind, aber hinsichtlich der Charakterisierung der beiden Kontrahenten interessiert doch besonders, auf welche menschlichen Eigenschaften sie den größten Wert legen, und hierüber gibt die Szene hinreichend Auskunft.[38] So lehnen Romano und Sabino den Vorschlag, Numa zum Generalsekretär zu machen, »aus zutiefst gegensätzlichen Gründen« (SD, 96) ab. Numa, das ist die Mitte (vgl. HW XV, 175ff.), was nicht nur geistig, sondern auch politisch zu verstehen ist; jede Mitte enthält Gründe genug für ein jegliches Sonderinteresse, von ihr abzuweichen. Die Gründe der Ablehnung können dabei ebenso gegensätzlich sein wie die Abweichungen einander gegensätzlich sind. Genau deswegen aber betont Lucia, daß Numa der richtige für den Posten des Generalsekretärs ist (vgl. SD, 96). Nichts schlimmeres, sagt uns diese Szene, als wenn ein Sonderinteresse die Herrschaft über das Ganze bekommt.

Indes in Rom die großen Fragen besprochen werden, kollidieren in der Provinz die Interessen. Numa, der vor einer Zeit zur Strafe für seine Unterstützung Romanos auf den Posten eines Dorfvorstehers abgeschoben wurde, hat in Klobbicke einen Rechtsstreit zu betreuen, dessen Gegenstand von geringem Gewicht, der aber dennoch exemplarisch ist: »Mag sein, der Streit / Gemahnt an einen Streit in mancher Hinsicht, / Der hier im Land herrscht« (SD, 150f.). Der Pilot Rick Stein, der vom Staat beauftragt ist, mit einem Flugzeug die Rübenfelder am Tiber zu düngen, düngt bei dieser Gelegenheit sein eigenes Feld, auf dem er Sonnenblumen pflanzt, mit. Das Feld ist aber nicht groß genug, daß es möglich wäre, es auf der Tour auszulassen. Es zu umfliegen oder die Dungdüse abzustellen wäre von größerem Nachteil, da aufgrund der geringen Fläche des Sonnenblumenfeldes ein größerer Teil des Rübenfeldes von der Düngung mit ausgenommen wäre. So hat Rick Stein einen persönlichen Vorteil davon, daß er der Gemeinschaft einen Vorteil verschafft, und der Verzicht auf seinen persönlichen Vorteil wäre auch zum Nachteil der Gemeinschaft. Hiergegen erhebt nun Alfons Ruschke, der Oberbuchhalter der Dörferstadt Klobbicke, Einspruch. Weil ihm aber die Redegabe und auch ein wenig die Intelligenz fehlt, vertritt ihn seine Schwester Emma, in seinen Kleidern. Sie schlägt nun vor, daß Rick Stein, da es einmal unumgänglich ist, daß er sein Feld mitdüngt, den errechneten Wert Düngemittels von 1,20 Lira an den Staat zahlt; er aber lehnt den Vorschlag aus Prinzip ab. Nur, aus welchem Prinzip?

Rick Stein ist Inhaber eines Privatgrundstücks, das er bebaut. Er steht damit für den verhältnismäßig freien Warenproduzenten im Sozialismus. Das Neue Ökonomische System, wie oben festgehalten wurde, arbeitete verstärkt mit der Eigenverantwortung der wirtschaftlichen Akteure, worunter vor allem der größere Handlungsspielraum von Leitern staatlicher Betriebe zu verstehen ist. Eine weitere Konsequenz jener Maxime war aber, daß das Aufsaugen des privaten und genossenschaftlichen Sektors in dieser Periode im Vergleich zu vorher verlangsamt wurde; das Gros der Wirtschaft und besonders der Industrie war in den Händen des Staates, aber in anderen Bereichen, in denen die Vergesellschaftung aus diesen oder jenen Gründen zulasten der Gebrauchswerte oder der Produktivität ging, spielte das kollektive, halbstaatliche oder sogar private Eigentumsverhältnis eine wichtige Rolle.[39] Hacks scheint diese Vielfalt durchaus begrüßt zu haben. So beklagt er 1977 den »Niedergang des kleinen Handwerkertums« (GmH, 158), ein Jahr zuvor bereits »die wenigen privaten Ladenbesitzer […] die noch geblieben sind« (GmH, 140) und urteilt im selben Jahr: »Honecker ist kein Ulbricht, er hat voreilig die kleinen Privaten ruiniert und sucht nun krampfhaft nach jemandem, der noch einen Bäckerladen betreiben will« (GmH, 142). Ebenfalls in diesen Zusammenhang paßt ein Bericht an das MfS, in dem Hacks mit den Worten zitiert wird:

Herr Ulbricht überlegt tatsächlich, wie man die Verschiedenheit von Qualität nutzbar machen kann für eine sozialistische

Gesellschaft. Z.B. ist Herr Ulbricht nicht daran interessiert, die Unterschiedlichkeit der Eigentumsformen abzuschaffen, sondern ganz im Gegenteil. Er will lauter einzelne Subjekte herstellen und zwar verantwortliche Subjekte.[40]

In diesem Sinne muß auch die Figur des Rick Stein nicht als ein störender Fremdkörper im gesellschaftlichen Gefüge gesehen werden, sondern als ein indigener, wenn auch problematischer, Bestandteil der Verhältnisse. Rick Stein ist die unvermeidliche Folge einer Politik, die sich neben der Vergesellschaftung der Produktion auch die Erlangung von Reichtum auf die Fahnen geschrieben hat. Er ist ein Beispiel jenes Gedankens, den Lucia mit Blick auf Quirinis Herrschaft ausgesprochen hat, daß nämlich die Lösung alter Probleme selbst wieder neue Probleme hervorbringt. Wer Sozialismus sagt, wird auch Kleinbürgertum sagen müssen, und die Frage wäre hiernach – ähnlich wie beim Verhältnis von Genie und Gesellschaft – nicht, wie man einen Sozialismus ohne Kleinbürgertum hätte schaffen können, sondern eben die, wie mit diesem zugleich notwendigen und schwierigen Element umzugehen sei. Die Eingebundenheit in den Plan garantierte zwar, daß der freie Warenproduzent nur verhältnismäßig frei war, daß Privatarbeit im wirklichen Sinn der Sache im Sozialismus nicht mehr existierte, aber die Weise, in der dieser verhältnismäßig freie Produzent arbeitete, ähnelte von allen Produktionsweisen im Sozialismus am ehesten noch der Arbeits- und Lebensweise des Kleinbürgertums. So bekennt Rick gegenüber Emma:

[...] Weshalb ward ich, Rick Stein, gewohnt,
Aus Riesenapparaten Kontinente
Zu sehn von sternengleicher Höhe, hier
Ein Dungkutscher, ein Dorfpilot? Weil ich
Dies Flugzeug fliege, jene flogen mich.
(SD, 134)

Und gleichermaßen, was die Lebensweise betrifft:

> *Weshalb in einer Bretterlaube leb ich*
> *Entfernt von Rom, der zellenreichen Hauptstadt,*
> *Und so, wie sie nicht wollen, daß man lebt?*
> *Weil dieser Garten eine Formung ist*
> *Nach meinem Riß, und ich bins nicht nach seinem.*
>
> (ebd.)

Wie andere Figuren, die wir zuvor betrachtet haben (Columbus, Goethe, Justine, Herakles) genießt Rick eine gesellschaftliche Autonomie, die sich nicht zuletzt aus seiner Tätigkeit ergibt. Zwar ist er nicht gezeichnet als unverzichtbarer Leistungsträger, aber doch als Spezialist. Ein Flugzeug schließlich kann nicht jeder fliegen, und man sagt ihm »[g]ewissenhafte Arbeit und vorbildlichen Einsatz« (SD, 102) nach. Ausgeprägt ist aber vor allem sein Leistungsdenken; in seiner Leistung ist er, wie es seiner Lebens- und Arbeitsweise entspricht, ganz mit sich allein, und eng verbunden damit ist folglich ein Hang zur Asozialität:

> *In seiner Leistung trifft der Mensch sein Bestes,*
> *Im Nebenmenschen sein Erbärmlichstes.*
>
> (SD, 134)

Er geht auch »nicht auf Versammlungen« (SD, 101) und lebt nach der Maxime:

> *Für eines, das ich nicht verantworte,*
> *Bin ich in nichts verantwortlich zu machen.*
>
> (SD, 144)

Der Rechtsstreit Ruschke versus Stein ist natürlich der zwischen dem Bürger Rick Stein und dem Staat. Zwar wird Ruschke von Sabinos Fraktion (nämlich durch den Klienten) ermutigt, aber in dieser Angelegenheit fallen das Interesse des Staates und der Gleichheitsfimmel der Dogmatiker zusammen, denn Rick Stein ist es, der sich nicht nur der Gleichheit, sondern auch der Gerechtigkeit entgegensetzt, und das aus dem Prinzip der Freiheit heraus; seine Freiheit aber hat einen konkreten Inhalt: die Forderung nach privilegierter Behandlung. Er hat das Privileg nicht ergaunert oder erworben, es fällt ihm zu. Und genau, weil es ihm bloß zufällt, lehnt er die Verantwortung hierfür ab. Alfons Ruschke wiederum ist Beamter, und Beamte sind Gleichmacher, das meint: sie behandeln jedermann gleich schlecht. Auf sehr indirekte und ziemlich kleinliche Weise vertritt der Beamte durchaus das höhere Interesse des Staates. Er begreift es nicht und hegt auch selbst nichts weniger als ein Sonderinteresse in seinem Gemüt, aber indem er tut, was er tut, leistet er, ohne sich seiner Funktion in vollem Ernst bewußt zu sein, einen Beitrag zu jenem höheren Zweck:

Was die Beamtenschaft unterdrückt, ist das Zufällige. Selbst wenn sie den Mangel verwaltet und ihn, indem sie ihn verwaltet, erhöht, sorgt sie doch für eine gewisse Gleichheit des Mangels und hemmt seine Aufspaltung in allgemeines Elend und einzelnen Reichtum. Die historische Aufgabe, die eine Schreiberwirtschaft zu erfüllen vermag, ist der Kampf gegen die Begierden von Teilen der Gesellschaft, welche sich dem Gesamt der Gesellschaft entgegensetzen [...]
(HW XV, 158f.)

Genau letzteres ist, was Rick Stein tut. Er sagt: »[E]s geht mir ums Gesamte meiner Freiheit« und sieht sich als Kämpfer gegen den »Größenwahn einer Behörde« (SD, 103). Das Gesamt seiner Freiheit beinhaltet für ihn das Recht, sich dem Prinzip der Gleichheit zu widersetzen.

In diesem Konflikt *Stein gegen Staat* soll nun ausgerechnet Numa, der für den Staat steht, ein Urteil fällen. Die Szene des Prozesses ist in dreierlei Hinsicht bemerkenswert. Erstens, was den Umgang mit Widersprüchen, zweitens, was die Positionen der beiden streitenden Parteien und drittens, was Numas Lösung des Streits betrifft. Romano und Sabino versuchen, gemäß der Maßgabe

Helden und Menge

Egerias, die das Textbuch geändert hat (vgl. SD, 127–130), ihren dauernden Streit zu vermeiden; als Numa den freiheitlichen Genossen Romano bittet, für den Freiheitsmann Rick Stein zu sprechen, und desgleichen den Gleichheitsfreund Sabino, daß er dem Gleichheitsmann Ruschke beifalle, da – sei es aus Koketterie oder wirklich aus ernstem Bemühen um innerparteiliche Einheit – zieren Romano und Sabino sich. Natürlich ist Numa, der »mittlere Held« (HW XV, 178), ein Feind der Einseitigkeit:

> [...] *Keinen Beschluß mehr duld ich,*
> *Der nicht entsprungen einem Für und Wider.*
> *Kein Gegenstand ist einseitig beschaffen,*
> *Kein Urteil vollständig, das eine Seite*
> *Allein betrachtet hat.*
> (SD, 148)

Hieraus aber folgt nicht, daß ihm jede Form von Mitte lieb ist. Das Bemühen Romanos und Sabinos um einen Ausgleich lehnt er ab:

> [...] *Wo ein Ansatz*
> *Zu schwach zum Siegen war, wird er erst recht*
> *Zu schwach noch sein zum Mischen. Aus verfrühtem*
> *Sowohlalsauch folgt stets ein Wedernoch.*
> (SD, 146)

Numa, das ist die Mitte, und die Mitte, sagt Hacks, »liegt nicht zwischen den Enden, sondern darüber« (HW XV, 175). Numa will Vermittlung, nicht Versöhnung; er ist gegen das Absinken der Mitte zum Rand, aber er weiß auch, daß eine verfrühte Harmonie von Gegensätzen ebensowenig wählenswert ist wie ein Verharren in Einseitigkeit. In der zweiten Fassung des Stücks (2002) ist der Gedanke noch präziser gefaßt: »[E]in Sowohlalsauch, das nicht zwei höchstausgebildete Willen in sich vereinigt hat, ist jedenfalls nicht weniger nichtig als ein Wedernoch« (HW IV, 352).

Höchstausgebildet, das bedeutet, daß ein Ansatz, auch wenn er einseitig ist, wenigstens mit gedanklicher Konsequenz aus- und zu seinem Ende geführt werden sollte. Wer das nicht leisten kann, kann die Vermittlung verschiedener Ansätze zum Höheren erst recht nicht leisten. Was dabei herauskäme, wäre nichts anderes als le marais, die flache Mitte, und die ist »niedriger als jede Seite« (HW XV, 177). Die Vermittlung zwischen Reichtum und Gleichheit ist somit ebenso wenig das Resultat der *Versöhnung* beider Ansätze, wie sie das einfache Ergebnis ihres Gegeneinander ist. Was sie ist, das ist die von der Staatsmacht *hergestellte* Einheit.

Das Gegeneinander der beiden Positionen in diesem Rechtsstreit wird eindrucksvoll von Romano und Sabino in Worte gebracht. Romano spricht für Rick Stein. Dieser, sagt er, sei ein Bürger und folglich im Recht, denn »tiefster Zweck« des Rechts ist der »Schutz des Bürgers« (SD, 147). Diese Sichtweise sei in der Gegenwart des Sozialismus möglich geworden:

Heut wohnt der Staat in jedem seiner Bürger,
In jedem Bürger schützen wir den Staat.
(SD, 148)

Der höchste Zweck des Staats ist demnach der Schutz des Einzelnen gegen das Interesse der Menge und im Zweifel sogar gegen das eigene, das staatliche Interesse. Selbstredend, könnte Romano entsprechend fortfahren, gibt es einen Punkt, an dem das Interesse aller sich dem Interesse eines jeden entgegensetzt; und natürlich ist das Interesse der Mehrheit nicht notwendig auch gleich das Interesse der Allgemeinheit. Soviel, was sich zugunsten dieser Sicht vorbringen ließe. In der zweiten Fassung des Stücks folgt Romano noch konsequenter der inneren Logik seines Ansatzes:

Aber die reife Weise des Erzeugens ist jene, wo zahllose Einzelne
in buntem Miteinander ihr Bestes geben, in freier Sittlichkeit,
uneingeebnet und verkürzt um nichts.
(HW IV, 353)

Hierin nun ist nichts anderes beschrieben als das Verschwinden des Staates in der Gesellschaft, das Absterben des Staats. Freie Sittlichkeit bedeutet, daß jene Ziele, die in der Vergangenheit und Gegenwart allein durch Zwang hergestellt werden konnten (Ordnung, Sicherheit, Gerechtigkeit usf.), sich soweit in das Verhalten eines jeden Einzelnen eingepflanzt haben, daß ihr zwangvolles Herstellen nicht mehr nötig ist. Romano zeichnet, durchaus getreu, das Bild des kommunistischen Ideals vor, in dem jene »Assoziation, worin die freie Entwicklung eines jeden die Bedingung für die freie Entwicklung aller ist« (MEW 4, 482), Verwirklichung gefunden hat. Man darf auch an jenen »Verein freier Menschen« (MEW 23, 92) denken, unter dem zwar mit viel Phantasie auch eine zentrale (also staatliche) Planung vorstellbar wäre, der von Marx aber kaum zufällig auf diese verschwommene Weise als Robinsonade und liberales Gebilde charakterisiert worden ist. Der Marxismus hat – es ist nicht zu leugnen – auch seine liberalen Wurzeln, und Romano erinnert an diese. Ganz abgesehen aber von der Frage, ob Romano nicht irrt, wenn er den Zustand, den er entwirft, bereits für seine Gegenwart als erreich- und verhandelbar hinstellt, beweist er, indem er die Realisierung der Freiheit im Kommunismus genau so absolut faßt, wie sie bei Marx und Engels gesetzt ist, auf unfreiwillige Weise die peinliche Verwandtschaft, die der Kommunismus mit seinem kleinbürgerlichem Schattenriß, dem Anarchismus, in dieser Frage besitzt. Die These vom Absterben des Staats ist dieser eine Teil des Marxismus, der nun wirklich nichts als die reine Romantik ist. Gegen diese Romantik ergreift Sabino nun, gleichfalls von Numa genötigt, Partei für den Staat. Er fragt,

> [...] *ob nicht die Gesellschaft*
> *Auch Rechte hat, die es zu schützen gilt*
> *Vorm Einzelnen.*
> (SD, 149)

Gesellschaft, das meint hier: Staat.

> *Aber wenn vormals die Gesellschaft alles*
> *Befahl, heut alles duldet, kann sie das*
> *Doch nur, sofern die Menschen, was sie vormals*
> *Aus Zwang taten, heut aus Bedürfnis tun.*
> (ebd.)

Und aus dieser auf die Gegenwart bezogenen Überlegung kommt Sabino auf das allgemeine Verhältnis von Staat und Einzelnem:

> *[...] Läßt, frag ich überhaupt*
> *Ein Weltzustand sich denken als vorhanden,*
> *Wo so der große Zweck das Kleinste ordnet,*
> *Selbstsucht gepaart mit Brauch geht, Wunsch mit Einsicht,*
> *Daß keiner sich befreit vom Nötigen,*
> *Keiner auf fremde Kosten ausdehnt und*
> *Nicht Strenge helfen muß, wo Sitte fehlt?*
> (SD, 149f.)

Wer eine Frage auf diese Weise stellt, rechnet durchaus mit ihrer Verneinung. In der zweiten Fassung heißt es dann, knapper und trockener zugleich:

> [...] *wer, wenn Vertrauen allgemeine Bürgerpflicht ist und wir alle die letzten Waffen abgegeben haben, – wer schützt im Ernstfall und wenn es nötig wäre, den Staat vor dem Einsiedel Herrn Stein?*
> (HW IV, 354)

Die Pointe dieses Rechtsstreits ist, daß sich zugunsten beider Positionen durchaus etwas finden läßt; oder sagen wir besser: Romano hat nicht ausschließlich unrecht. Der ideale Zustand der menschlichen Gesellschaft kann immer nur gedacht werden als eine Befriedigung sowohl des Interesses der Allgemeinheit als auch des Interesses eines jeden Einzelnen; der Kommunismus, so will es Marx, ist nicht nur für die Menschheit, er ist auch für den

Menschen. Zugleich aber zeigt sich, daß ein solcher Zustand nicht erreichbar ist, weil es unmöglich ist, eine gesellschaftliche Wirklichkeit zu erzeugen, in der nicht auch verschiedene, einander ausschließende Interessen zugegen sind.

Wenn sich die Menschheit längst gerettet hat,
Muß sich der Mensch noch immer selber retten.
(SD, 177)

wird Numa am Ende des Stücks sagen. Die Gesellschaft kann selbst dort, wo sie ihre strukturellen Probleme gelöst haben sollte, nicht mit einer Lösung aller ihrer Probleme rechnen.[41] Selbst wenn die großen Fragen der Menschheit gelöst, wenn die Ausbeutung und die Unterdrückung bestimmter Gruppen durch andere Gruppen der Gesellschaft beseitigt werden können, es gibt eine Sorte von Problemen, die zwar vermittelt, aber nie beseitigt werden können, solche nämlich, die unmittelbar aus der menschlichen Natur kommen. Hierzu gehört – es wurde schon darauf hingewiesen – auch der Widerspruch von Leistung und Demokratie (vgl. HW XIV, 210) und mit diesem seine Entsprechung im »Numa«, der Widerspruch von Reichtum und Gleichheit, der sich im Rechtsstreit zwischen Rick Stein und dem Staat als das Gegeneinander von Freiheit und Gleichheit, von Einzelinteresse und Allgemeininteresse darstellt. Dergleichen wird nicht aus der Geschichte zu schaffen sein, es sei denn, man wollte – und auch hiervon gibt es ja traurige Beispiele – den Menschen aus der Geschichte schaffen.

Aus dieser Einsicht ergibt sich indes Numas Lösung, die schlechterdings verblüffend ist. Man hat, lesend, geradezu die überraschten Minen der anderen Figuren wie auch der Zuschauer vor Augen, wenn Numa verkündet, daß seine Lösung des Streits darin besteht, ihn nicht zu lösen. Zwar ist der Streit durchaus exemplarisch für die Gesellschaftsordnung und gemahnt »an einen Streit in mancher Hinsicht, / Der hier im Land herrscht« (SD, 150f.), aber sein Umfang, 1,20 Lira, ist von solcher Geringfügigkeit, daß jede Partei ohne großen Schaden nachgeben könnte. Gegen Rick

Steins kompromißloses Verfechten seiner Freiheit und gegen Alfons Ruschkes kleinliches Durchdrücken der Gesetze fordert Numa die Angemessenheit der Mittel: »in nichtigen Dingen Freiheit, / In wichtigen Wissenschaft« (SD, 152). Zwang also, wo es nötig, Freiheit, wo es möglich ist. Der Staat kann und soll nicht jede Einzelheit regeln: »Der Falke frißt nur große Vögel« (SD, 151). Die Idee der Staatsvernunft besteht nicht einfach darin, daß eine möglichst große Menge an gesellschaftlichen Vorgängen durch den Staat geregelt werden soll, sondern sie besteht in dem Finden des richtigen Maßes aus Staatlichkeit und Freiheit, aus Restriktion und Öffnung. So wie es im Neuen Ökonomischen System darum ging, eine zentrale Planung zu schaffen, die die grundlegende Bewegung der Gesellschaft zu regeln, aber nicht jeden Schuh im Plan vorzusehen hatte, so versteht auch Hacks unter der »Vervollkommnung« des Staates »ganz gewiß [...] das Gegenteil von Aufblähung« (HW XIV, 338).

Auch darin zeigt sich das durchgreifende Bestreben des gesellschaftlichen Denkers Hacks, die einander feindlichen und zugleich notwendigen Momente des Sozialismus weder sämtlich zu tilgen, noch einem von ihnen den alleinigen Vorzug zuzugestehen. Es gilt ihm, das rechte Maß zu finden, in dem sie miteinander erträglich sind, wozu ein jedes von ihnen sich zurücknehmen muß. Die Ideale des Kommunismus – Freiheit, Vielfalt, Reichtum, Gleichheit, Demokratie und Gerechtigkeit – sind einander unversöhnlich und folglich zu keiner Zeit gemeinsam und vollständig zu verwirklichen. Ein jedes von ihnen bedeutet unvermeidlich den Ausschluß anderer, ebenso notwendiger Ideale. Der tiefere Sinn der utopischen Elemente des Kommunismus liegt nicht in ihrer vollständigen Realisierung, sondern einzig darin, als vorgestellte Ziele der realgeschichtlichen Bewegung des Sozialismus, die als ein Sicherstellen aus dem Gegeneinander von Widersprüchen gedacht wird, eine Orientierung zu sein. Auf diesem Weg allein scheint möglich, was Marx und Engels jene »wirkliche Bewegung« genannt haben, aber bei Hacks bedeutet das eben genauer: der Kommunismus als Inbegriff einer niemals abgeschlossenen Bewegung zu sich selbst.

Helden und Menge

2. Prexaspes

Was die dramatische Konfiguration und das darin dargestellte Thema betrifft, gleicht der »Prexaspes« dem »Numa« wie kein zweites Stück. Beide Stücke behandeln die Nachfolgerfrage und postulieren im Nachfolger die Fortsetzung derselben Idee mit besseren Mitteln. Numa ist der bessere Quirini, Darios der bessere Kambyses. Beide Stücke lassen höchst ähnliche Kontrahenten um die Macht auftreten, beide zielen unverkennbar auf sozialistische Verhältnisse ab. Doch der Stoff des »Prexaspes« bringt ein paar Schwierigkeiten mit sich, die bewältigt sein müssen, bevor man sich so ganz auf die Bedeutungsebene werfen kann. Er ist dem dritten Buch der Herodoteischen »Historien« entnommen und spielt im alten Persien zur Herrschaftszeit von Kambyses II und Gaumata (um 522 v.u.Z.). Der Held des Stücks ist Prexaspes, ein hoher Beamter am Hofe des Großkönigs Kambyses und zugleich hochrangiger Angehöriger des Ordens der Magier. Als Kambyses, in Memphis weilend, in einem Traumbild seinen Bruder Smerdes (bei Herodot: Smerdis, persisch: Bardiya) auf seinem Thron sitzen sieht, beauftragt er Prexaspes, nach Susa zu reisen und Smerdes umzubringen, was der sodann tut. Um vom Verdacht einer Ermordung abzulenken, bedient sich Prexaspes des Magiers Smerdes (bei Herodot: Smerdis, persisch: Gaumata), der nicht nur denselben Namen wie der Bruder des Königs trägt, sondern diesem auch äußerlich gleicht. Er soll sich in den Kleidern des ermordeten Königsbruders in die Stadt begeben und, dort verschwindend, dafür sorgen, daß er zuletzt in einem anrüchigen Viertel zu sehen gewesen ist. Der Magier Smerdes aber, der seinerseits der Bruder und Gefolgsmann des höchsten Priesters des Magier-Ordens, Patizeithes, ist, hintergeht Prexaspes und bleibt auf dem Thron Persiens sitzen. Da er dem Königsbruder gleicht und zugleich die Nachricht verbreitet wird, daß Kambyses gestorben sei, kann er seine Herrschaft über Persien ausrufen. Kambyses, der nun begreift, daß er nicht das Bild seines Bruders auf dem persischen Thron sah, sondern das des Magiers Smerdes, macht sich von

Ägypten aus auf den Weg nach Susa, um den Aufstand der Magier niederzuschlagen. Sein Heer ist jedoch in keinem guten Zustand, da Prexaspes aufgrund seiner Unfähigkeit und Bequemlichkeit leichtfertige Entscheidungen getroffen hat. Dieser wird nun von den Magiern auf ihre Seite gezogen; der Verrat wird ihm dadurch erleichtert, daß Kambyses, um seine Treue zu prüfen, ihn seines Sohnes beraubt hat. Da Prexaspes der einzige ist, der bezeugen kann, daß der echte Smerdes tot ist, ist seine Rolle in dem Spiel von großer Wichtigkeit. Indessen planen der Geldhändler Otanes und der Palastwächter Darios (bei Herodot: Dareios), gegen die Magier vorzugehen. Kambyses erreicht, bereits siech, den Palast von Susa, bezeugt öffentlich, daß er die Ermordung seines Bruders in Auftrag gegeben habe und stirbt. Prexaspes wählt daraufhin den Freitot; die Magier werden überführt und ebenfalls in den Tod befördert; Darios übernimmt die Macht in Persien, nicht ohne seinen zeitweiligen Bündnispartner Otanes zu entmachten und dessen Versuch, das Königtum als solches abzuschaffen, im Ansatz zu ersticken.

Es kann hier nicht auf die Gesamtheit der Änderungen, die Peter Hacks an der Fabel Herodots vorgenommen hat, eingegangen werden. Interessant sind vor allem die Änderungen an der Konfiguration der Macht. Bei Herodot ist Otanes kein Geldhändler, und ist Darios kein königlicher Soldat, sondern beide sind Vertreter des hohen Adels. Der Kampf um die gesellschaftliche Vorherrschaft findet demnach statt zwischen dem Adel, dem Königtum und dem Orden der Magier. Bei Hacks treten an die Stelle des Stammesadels die Geldhändler; der Königsbruder Smerdes wird zu ihrem Parteigänger, während in der Vorlage zwischen Otanes und Smerdes keine direkte Verbindung gezogen ist. Der Aufstand der Magier ist bei Hacks nicht allein durch bloßes Machtstreben motiviert, sondern erhält ein inhaltliches Ziel: der falsche Smerdes will die Restauration der Alleinherrschaft des Magier-Ordens, den alten Gottes-Staat. Darios und Kambyses stehen im Stück deutlicher in einer Linie als in den »Historien«, wo Kambyses als vollständig verrückt und unterm Strich überflüssiger

Helden und Menge

Herrscher gezeichnet ist. Am Ende des Stücks findet, wie auch bei Herodot (vgl. Hdt. III, 80–83), eine Verfassungsdebatte statt, in der es bei Hacks jedoch nicht um das Gegeneinander der drei klassischen Verfassungsformen Demokratie, Oligarchie und Monarchie geht, sondern ganz allgemein um die Frage: Staat oder nicht Staat. Infolge der Ersetzung des Adels durch die Geldhändler erhält die Fabel bei Hacks zudem eine andere konkret-historische Grundlegung. Hacks schafft einen heterogenen Gesellschaftszustand, der *so* in der wirklichen Geschichte keinen Bestand hatte. Die asiatische und eine auf Privateigentum beruhende Produktionsweise (sei es die Sklaverei oder, wie durch den Ausdruck »Geldhändler« angedeutet, doch schon eine frühe Form der bürgerlichen) bestehen im Stück nebeneinander, das heißt, der Gegensatz zwischen Sklaverei und orientalischer Despotie, der in der geschichtlichen Wirklichkeit der beschriebenen Epoche zwischen der griechischen und persischen Welt ausgetragen wurde, wird ins Innere des persischen Reichs verlegt. In der orientalischen Despotie waren Grund und Boden in der Regel Eigentum der Dorfgemeinde, die autark, also weitgehend frei von Warenbeziehungen, existierte, genauer aber war dieses Gemeindeeigentum Nießbrauch, da die Nutzung des Bodens vom Staat, der das wirkliche Eigentumsrecht innehatte, gestattet und geregelt wurde. Privateigentum an Grund und Boden war nicht die Regel, wodurch eine ursprüngliche Akkumulation auf dem Land und somit nicht nur eine durch Schuldknechtschaft sich bildende Sklaverei, sondern auch eine aus der Fluchtbewegung der Landarmut resultierende Ballung *doppelt freier* Menschen in großen Städten, den Tiegeln der bürgerlichen Produktionsweise, verhindert war, zumindest solange, als der Staat daran interessiert blieb, das Pachtrecht nicht in wirkliches Eigentum der Produzenten übergehen zu lassen.

Wenn Hacks nun in diese Verhältnisse einen Großgrundbesitzer wie Otanes einführt, der weder Teil des staatlich-administrativen Gefüges ist noch, als Vasall oder Mitglied des königlichen Hofes, seinen Grund und Boden zur Ausübung bestimmter gesellschaftlicher Funktionen erhalten hat, sondern mit seinem Besitz autonom in der Gesellschaft steht, dann ist zu fragen, worin der Sinn dieser durchaus nicht geringfügigen Änderung liegt. Die bloße Konfiguration ist bei Hacks und Herodot dieselbe: Eine Zentralgewalt kämpft gegen zwei sich gegenseitig bekämpfende Partialgewalten. Die Geldhändler aber stehen, anders als der Hochadel, für eine *neue* Kraft, für eine Kraft, meint das, die kein indigener Teil der bestehenden Gesellschaft ist und eine neue Produktions- und Lebensweise in das Geschehen einbringt. Auf der Stoffebene bedeutet diese Kraft nun jene Produktionsweise, die keiner staatlichen Planung und keinen juristischen Restriktionen unterliegt, wofür sie aber auf der Bedeutungsebene steht, kann nur klarwerden, wenn man diese Idee in das Gefüge des gesellschaftlichen Denkens von Peter Hacks einordnet.

Offenbar bezeichnet die Konfiguration des »Prexaspes« als Metapher nichts anderes als das Verhältnis zwischen Wirtschaft, Staat und Partei, wie Hacks es in seiner These vom »sozialistische[n] Absolutismus«, und zwar als Inbegriff der sozialistischen Gesellschaft, auffaßt. Zu »Ulbrichts Absolutismus«, der »ein anderes Wort für die Epoche des Sozialismus« (AEV, 129) sei, äußert er 1998:

> *Wenn der alte Absolutismus dadurch gekennzeichnet war, daß der Fürst die ausgleichende und regelnde Macht über den sich hassenden herrschenden Klassen Adel und Bürgertum bildete und an der Fronde aus diesen sich hassenden Klassen litt, so bildete Ulbrichts sozialistischer Absolutismus die ausgleichende und regelnde Macht über der herrschenden sozialistischen Klasse der Intelligenz (Forscher, Planer, Leiter) und der herrschenden sozialistischen Klasse des Parteiapparats.* (ebd.)

Vermutlich hat Hacks diese Theorie einer souveränen Staatsmacht, die das Kräftegleichgewicht zweier Klassen zum Vorteil des gesellschaftlichen Gesamt konserviert, bereits zu Beginn der sechziger

Jahre ausgebildet. Hierfür u.a. spricht einiges in seiner Begründung der Möglichkeit einer Klassik im Sozialismus (vgl. HW XIII, 29ff.). Kaum mißzuverstehen ist ferner das Gleichnis im 1961 verfaßten[42] »Ekbal«, worin das Gegeneinander von Wirtschaft (Kupferschmieden) und Partei (Lanzenreitern), die Eigenarten beider Gruppen, ihre gesellschaftliche Funktion, die Macht des Königs über beide Seiten, sowie seine Verschwiegenheit, was diese gesamten Verhältnisse angeht, unverkennbar beschrieben ist:

»Wodurch blüht Babylon?« fragte der Eunuch. »Es blüht dadurch, daß es eine stattliche Zahl von Kupferschmieden besitzt und einen König – den größten in seiner Geschichte –, der die Gilde der Kupferschmiede fördert, privilegiert und ermutigt und ihnen gestattet, sich und den Staat zu bereichern. Unser König – denn es ist nötig, daß ich auf ihn zu sprechen komme – hat eine Eigenart: er tut, was er tut, im Geheimen. Er deckt strenges Stillschweigen über alle seine Handlungen, insonders die rühmlichen. Deshalb sind die Künstler, die sämtlich zu seinen treuesten Anhängern zählen, seine Hauptfeinde«.
»Ich sehe noch nicht durch«, sagte der Theaterreisende.
»Neben der Gilde der Kupferschmiede«, fuhr der Eunuch fort, »gibt es eine zweite einflußreiche Zunft in unserem Land: die der Lanzenreiter. Bis vor kurzem gehörte ihnen die Macht allein, jetzt müssen sie sie mit den Kupferschmieden teilen. Beide Zünfte sind für den babylonischen Staat durchaus unentbehrlich. Die Lanzenreiter verteidigen ihn gegen die menschenfressenden Kilikier im Westen; die Kupferschmiede machen ihn schön und bewohnenswert. Das Unglück besteht nun darin, daß diese beiden unentbehrlichen Zünfte einander nicht ausstehen können. Die meisten Lanzenreiter sind im zivilen Leben faule, schmutzige und ungebürstete Burschen; die meisten Kupferschmiede würden niemals eine Lanze in die Hand nehmen«.
»Und für wen ist der König?« fragte Ekbal.

»Für beide«, sagte der Eunuch, »was bewirkt, daß beide ihn hassen«.
»Warum stürzen sie ihn dann nicht?« fragte Ekbal.
»Weil die Kupferschmiede fürchten, ihm würde ein Lanzenreiter folgen, und die Lanzenreiter, er könne durch einen Kupferschmied ersetzt werden. So ist seine Herrschaft ganz sicher; jede Zunft unterstützt ihn bedingungslos gegen die andere. Aber er muß natürlich vermeiden, seine Gründe zu nennen oder die innere Einrichtung unseres Landes bekannt werden zu lassen; die Lage ist nur stabil, solange sie unklar bleibt. Alle Schriftgelehrten sind angewiesen, über Dinge zu schreiben, die nicht sind, und über die Dinge, die sind, zu schweigen, auch wenn sie zu Babylons Ruhm und Ehre beitragen«.
(HW IX, 63f.)

Wörtlich nachweisbar ist der Gedanke erstmals 1971, also in verhältnismäßiger Nähe zur Entstehungszeit des »Prexaspes«; Hacks spricht, so überliefert André Müller, von den »beiden Klassen des Landes, Parteiapparat und Wirtschaft« (GmH, 62). 1977 wird er dann schreiben, eine der Bedingungen, die klassische Nationalliteratur ermöglichen, sei eine »klassische Lage der Gesellschaft: eine, mit deren Bewältigung keine Richtung allein fertig wird« (HW XIII, 131), was weniger verbindlich ausgedrückt, aber doch derselbe Gedanke ist. Es wurde und wird gestritten, inwieweit diese Auffassung der gesellschaftlichen Wirklichkeit des Sozialismus entspricht. Die Einwände gegen Hacksens Theorem scheinen mehrheitlich ideologisch motiviert, so unbestreitbar sie auch aus verschiedenen politischen Lagern kommen; sie sollen, obgleich nicht alle von ihnen ins Leere zielen, hier nicht diskutiert werden. Die Frage, die sich hauptsächlich stellt, ist diejenige, ob Hacks mit seinem Modell Wirklichkeit bezeichnet, und nicht die, ob seine Methode den Erwartungen der marxistisch-leninistischen, der linken, der liberalen oder der sozialdemokratischen Ideologie entspricht. Es ist bereits im vorangegangen Abschnitt anläßlich des »Numa« über die zwei verschiedenen Interessenskomplexe der Vergesellschaftung und der Produktivität gesprochen worden. Es ist nun offenbar das Gegeneinander dieser beiden Interessen, das sich in Hacksens politischem Weltbild in dem Gegeneinander der »sozialistischen Klassen« verdinglicht. Daß diese beiden Gruppen, die Hacks als die Klassen des Sozialismus bezeichnet, tatsächlich als gesellschaftlich relevante und politisch profilierte Gruppen im Sozialismus existiert haben, kann ernstlich nicht abgestritten werden. Daß sie gegenläufige Strebungen besaßen, scheint ebensowenig ein Streitpunkt sein zu können. Das Wirtschaftsmanagement *war* mehrheitlich für die Liberalisierung des politischen Systems, das heißt, für die Ausweitung der verhältnismäßigen Freiheit, die sie innerhalb des Produktionsprozesses besaßen, auf die gesamte Gesellschaft; der Parteiapparat *war* mehrheitlich nicht nur gegen diese Ausweitung, sondern auch überhaupt gegen jene verhältnismäßige Freiheit, die die Methode des Neuen Ökonomischen Systems mit sich brachte. In den »Gesprächen mit Hacks« berichtet André Müller 1977 von einer Unterhaltung:

> *Ich meine, die größten Gefahren kämen immer von rechts, aber andererseits gebe es ohne die Wirtschaft überhaupt keinen Fortschritt. Hacks: »Das Problem ist immer, das Gleichgewicht der Kräfte herzustellen. Ich sehe nur die Notwendigkeit, zu dieser Politik zurückzukehren. [...]«*
> (GmH, 158)

Wir erkennen in diesen Äußerungen wieder, was mit Blick auf »Numa« bereits ausgeführt wurde: zum einen die Notwendigkeit eines Standes von Wirtschaftsfachleuten, die die Produktivität forcieren, zum anderen deren Gefahr für die politischen Ziele des Landes (Vergesellschaftung, Humanisierung der Produktionsbedingungen), durch die ein Gegengewicht erforderlich wurde. Dieses Gegengewicht besorgt im Hacksschen Modell nun der Parteiapparat, der dem Leistungsdenken der Wirtschaftsleute das Interesse der Mehrheit entgegensetzt. Aber auch dieses Gegengewicht muß, damit »Unfähigkeit und Hochmut« (GmH, 68) nicht zur vorherrschenden Erscheinung werden, beschränkt werden, und das Herstellen eines Gleichgewichts der Kräfte kann nicht dem Zufall überlassen werden, woraus folgt, daß eine dritte Kraft diesen Widerspruch regeln muß. Diese dritte Kraft, die Staatsmacht, faßt Hacks als absolutistisch auf, was allerdings die Frage aufwirft, inwieweit sich dieser Absolutismus in der geschichtlichen Wirklichkeit des Sozialismus nachweisen läßt. Ulbricht, mag man einwenden, war selbst Vertreter des Parteiapparats. Aber hinderte ihn das, die Macht des Apparats einzuschränken? Ist nicht auch der König im Absolutismus ein Angehöriger des Adels, während doch das Wesen des Absolutismus darin bestand, den Adel sukzessive zu entmachten? Der absolutistische König besaß Instrumente, die ihm diese Arbeit ermöglichten: den Hof, den allmählich sich herausbildenden Beamtenapparat, das stehende Heer, die Staatskirche und das Dogma des Königtums von Gottes Gnaden. Er besaß somit politische Gewalt und ideologische Hoheit, seine Herrschaft gegen seinen eigenen Stand durchzusetzen. Denselben Sachverhalt konstatiert Hacks nun im Fall von Ulbricht:

Die Instrumente, womit den Widerspruch der sich hassenden sozialistischen Klassen zu stabilisieren, waren 1. der Staatsrat, 2. das Theorem von der moralisch-politischen Einheit.
(AEV, 129f.)

Hacks formuliert somit nicht nur eine vage Analogie zwischen Absolutismus und Sozialismus, er hat auch, wie wir sehen, in Anschauung der konkreten Verhältnisse der DDR gute Gründe für seine These. Der 1960 gegründete Staatsrat der DDR und seine Funktion, ein Entscheidungsgremium außerhalb von Parteistrukturen zu sein, das zum einen eine relative Unabhängigkeit von der Politik des Parteiapparats erhielt und auch an diesem vorbei handeln konnte, zum anderen zur Ausführung seiner Politik sich des *staatlichen* Beamtenwesens bediente und somit in der Tat eine eigenständige Macht aufbaute, ist eine geschichtliche Tatsache, und es ist ebenso eine Tatsache, daß Walter Ulbricht dieses Organ nach dem Tod von Wilhelm Pieck eingerichtet hat, wie daß dasselbe Organ nach Ulbrichts Sturz seiner machtmäßigen Funktionen beraubt und auf repräsentative Funktionen beschränkt wurde. Die »moralisch-politische Einheit« wiederum ist jene ideologische Losung Ulbrichts, deren hauptsächliche Funktion darin bestand, die inneren Risse des Landes, seine Widersprüche und die unterschiedlichen Interessen seiner verschiedenen Gruppen, zu überdecken, womit sie, verschleiernd und stabilisierend zugleich, eine ähnliche Funktion erfüllte wie die theologischen Dogmen des Absolutismus. Man kann nun alle diese Elemente im »Prexaspes« wiederfinden: Der Monarch Kambyses regiert vermittels des Kronrats, wie der Staatschef Ulbricht den Staatsrat nutzte; der Beamte Prexaspes steht für den Stand der Beamten, somit für Gesamtheit der staatlichen Verwaltung in der DDR, die nicht dem Parteiapparat, sondern dem Staatsgefüge unterstellt war; der Orden der Magier ist der Apparat der Partei; die Geldhändler stehen für die relativ selbständigen Wirtschaftsleiter und Fachleute; und selbst die moralisch-politische Einheit findet sich im Stück wieder, denn die Hauptaufgabe der Magier ist es, die wirklichen Verhältnisse durch ihre Theologie zu überdecken und auf die Weise die Herrschaft zu stabilisieren.

Berücksichtigt man nun diese Umstände und erinnert ferner jene Ausführungen zu Ulbrichts Wirtschaftssystem, die weiter oben der Untersuchung des »Numa« zugrunde gelegt wurden, ermöglicht sich eine plausible Antwort auf die Frage, aus welchem Grund Peter Hacks den Stammesadel der Herodoteischen Fabel durch die Geldhändler ersetzt haben mag. Die Geldhändler, wurde festgestellt, stehen für das Neue, sie sind ein Fremdkörper, der in ein alt und vertrautes System einbricht. Etwas ähnliches passierte nun geschichtlich dem Sozialismus. Seine ursprüngliche Form war in der Tat die reine Parteidiktatur. (Die Frage, ob diese gleichbedeutend mit einer Diktatur des Proletariats ist, sei den Theologen des Marxismus-Leninismus überlassen.) Aber bei dieser Oligarchie blieb es nicht; das Resultat der Ulbrichtschen Politik war, daß die Staatsführung eine relative Selbständigkeit dem Parteiverkehr gegenüber gewann und vermöge dieser Selbständigkeit die Einführung eines Gegengewichts zur Partei in die Wege leitete, das in der Erweiterung der Befugnisse der Wirtschaftsleiter und in der Stärkung des Einflusses der Spezialisten bestand. Mit diesem Schritt war in das Gefüge des Sozialismus eine neue Kraft eingeführt, und die Lage war also, daß der Parteiapparat, der vormals die Macht allein besaß, sie nunmehr teilen mußte. Dieses Verhältnis wird, wie bereits im »Ekbal«, wo es über die Lanzenreiter heißt: »Bis vor kurzem gehörte ihnen die Macht allein, jetzt müssen sie sie mit den Kupferschmieden teilen« (HW IX, 63), im »Prexaspes« deutlich artikuliert. So ruft der Königsbruder Smerdes bereits im ersten Akt aus:

Lustig, Otanes, die Tage der Pfaffen sind vorüber. Ihr mehr als sonst lautes Geschrei zeigt die fester verschlossenen Ohren des Volkes. Wagen wir eine offene Machtprobe zwischen uns und jenen [...]
(HW IV, 187)

Das gibt der Hoffnung nach mehr Freiheit, Entideologisierung etc. Ausdruck, wie sie auch durch das Neue Ökonomische System bei den Wirtschaftsleuten und dem rechten Flügel der Partei geweckt wurde. Die Magier ihrerseits haben das ganz entgegengesetzte Interesse, ihre vormalige Alleinherrschaft zu restaurieren. So proklamiert der Magier Smerdes zu Beginn des Aufstands:

Was es vor alters war nach seiner Engel Rat,
Muß Persien wieder sein: ein rechter Gottes-Staat.
(HW IV, 206)

Der Magier Meres erklärt, der Orden wolle »ein priesterliches Reich erbauen« (HW IV, 236), eine Theokratie und keine Staatskirche demnach, oder, in die Bedeutungsebene übersetzt: die Restauration der Alleinherrschaft des Parteiapparats. Alleinherrschaft der Magier bedeutet neben dem Zurückdrängen der Geldhändler natürlich auch die Schwächung oder gar das Ende des Königtums. Peter Hacks prognostiziert im »Prexaspes« nichts weniger als die Absicht des Parteiapparats, das Neue Ökonomische System abzuschaffen und die Technokraten in ihrem Einfluß zurückzudrängen, ein Unterfangen, das letztlich unter der Führung Erich Honeckers auch glücken sollte. Im selben Jahr, worin das gelang, dokumentiert André Müller:

> *Das Hauptproblem des Neuen Ökonomischen Systems sieht Hacks in der ständigen Anstrengung aller Mittel, um sie auf jeder erreichten Stufe neu zu reproduzieren. Ständig drohe die Gefahr eines Zusammenbruchs, weil die Hilfsquellen und Geldmittel fehlten:* »*Das gibt Ulbrichts Gegnern Auftrieb. So führt er einen Kampf gegen die Zeit, und das ohne Unterstützung der Russen, die ihm eher noch die Rohstoffe kürzen. In Wirklichkeit tobt ein Kampf um das Neue Ökonomische System, und mit jeder Schwierigkeit erhebt sich der bereits geschlagene Apparat von neuem.*«
> (GmH, 58)

Auf der anderen Seite wird kein Zweifel daran gelassen, was die Partei der Geldhändler will und was, käme sie an die Macht, Persien blühte. Kambyses z.B. rechtfertigt den Mord an seinem Bruder Smerdes: »[L]ieß ich ihn gewähren, er hätte mir die Sklaverei und das Grundeigentum eingeführt und der langsam gebaute Staat war binnen keiner Zeit zerfallen« (HW IV, 233). Grundeigentum, das meint genauer: Privateigentum an Grund und Boden. Eingeführt, das meint hier offenbar: zum vorherrschenden und hauptsächlichen Produktionsverhältnis gemacht. Otanes ist ja bereits und unverkennbar als privater Grundeigentümer gestaltet. Sein und seiner Verbündeten Ziel ist indes die vollständige Etablierung des Privateigentums an Grund und Boden und somit auch die Ermöglichung von Sklaverei. Dieses Ziel, und niemand sieht es klarer als Kambyses, läuft dem Prinzip der staatlichen Verwaltung zuwider. Der Staat, als Leib des sittlichen Gedankens, ist seinem Wesen nach das ganze Gegenteil eines in unzählige Privatarbeiten zersplitterten Produktionsprozesses. Er eint, wo die Privatarbeit den gesellschaftlichen Prozeß atomisiert. Auch die Vergesellschaftung wäre nicht die Aufhebung des Staats, sondern ermöglicht sich erst durch das Staatliche, und die volle Entfaltung der Staatsidee ist erst dort erreicht, wo Vergesellschaftung zur Grundlage des Lebens gemacht wird. Gesamtgesellschaftliche Planung kann nur stattfinden, wo der Staat stattfindet. Umgekehrt gilt zwar nicht, daß wo der Staat ist, auch gleich die gesellschaftliche Planung stattfindet, aber Kambyses und sein Königtum sind unverkennbar daran interessiert, den zentralen Verwaltungsstaat und die straff organisierte Wirtschaftsform, wie sie der orientalischen Despotie eigen sind, zu erhalten, und also ist das Königtum des Kambyses der natürliche Feind der Geldhändler. Wie bei Herodot (vgl. Hdt. III 80) will auch Hacksens Otanes nicht die Absetzung des Königs, sondern die Absetzung des Königtums. Über den Magier Smerdes, den es vom Thron zu stoßen gilt, sagt er:

An diesem außergewöhnlichen Räuber wird das Volk die gewöhnlichen erkennen, an diesem gekrönten Schurken die Schurkereien der Krone, an diesem betrügerischen König den Betrug, der da heißt: Königtum.
(HW IV, 242)

Was Otanes unter dem Volk versteht, das er vertritt, bleibt nicht unklar: Er hat »eine Verschwörung aufrechter Volksfreunde zusammengebracht« und präzisiert: »Die Kaufmannsinnung ist mit mir und viele der reichen Handwerker, kurz, man kann sagen, die Massen« (HW IV, 242f.). Es wäre nicht das erste Mal in der Geschichte, daß partikulare Interessen sich als demokratische Interessen gerieren. In die Bedeutungsebene übersetzt scheint Otanes zwei Interessengruppen zu vertreten: zum einen die einfachen Warenproduzenten, die Töpfer und Krämer, deren es in den sech-

Helden und Menge

ziger Jahren der DDR nicht wenige gab, zum anderen wiederum den Stand der wirtschaftlichen Leistungsträger: die Forscher, Ingenieure und Betriebsleiter. In beiden Gruppen gab es immer wieder die Tendenz, aus der verhältnismäßigen Freiheit, die sie innerhalb des wirtschaftlichen Systems besaßen, eine veritable Freiheit zu machen, was nichts anderes bedeutete als die Auflösung der staatlichen Planung, mithin die Rücknahme des Staates in die Gesellschaft. Als der Aufstand der Magier niedergeschlagen wird, metzelt »das Volk« die Magier. Otanes und die Seinen versuchen, dem Stand der Priester, da sie ihn einmal am Haken haben, vollkommen den Garaus zu machen. Es ist Darios, der das verhindert; er tritt denn auch die Nachfolge des Kambyses an. »Am Ende gibt es in dem Stück bereits den tschechischen Aufstand, den ein neuer Ulbricht umgehend liquidiert«, notiert André Müller (GmH, 32).

Das Entstehungsjahr des Stücks ist 1968, dasselbe Jahr, in dem Antonin Nowotny sein Amt niederlegte und die Prager Reformen einsetzten. Das oft zitierte Schlagwort Alexander Dubčeks vom *Sozialismus mit menschlichem Antlitz* verhindert bis heute einen sachlichen Blick auf die Prager Ereignisse von 1968. Die Reformen von Prag waren in erster Linie Wirtschaftsreformen, und sie rührten am grundlegenden Charakter der sozialistischen Wirtschaft. Es gibt zwischen ihnen und dem Neuen Ökonomischen System in der DDR einige interessante Parallelen, und man darf nicht vergessen, daß zu der Zeit, da die Prager ihre Reformen durchführten, die Wirtschaftsreform in der DDR bereits seit fünf Jahren in Gang war. Worauf die Prager Reform letztlich hinauslief, unterschied sich in dreifacher Hinsicht vom Neuen Ökonomischen System: Es sollte die staatliche Planung aufgehoben, das Staatseigentum den Betriebskollektiven zugeordnet, also in privatwirtschaftliche Organisation überführt und ein weitreichendes Engagement ausländischen Kapitals im Inland zugelassen werden. Mit der vollständigen Umsetzung der Reformen hätten die einzelnen Betriebe keine relative, sondern absolute Selbständigkeit erlangt. Auch wenn für ihre Angestellten eine kollektive Eigentumsform vorgesehen war, hätten die einzelnen Betriebe in Bezug auf das gesamte wirtschaftliche System die Stellung und Wirkung privater Firmen erhalten. Trotz der gesetzlichen Bestimmung des Kollektiveigentums hätte bezüglich der ökonomischen Bewegungen (Atomisierung, Konkurrenz, Krisenzyklus, Lohndumping, Rationalisierung usf.) dieser Sozialismus keine signifikanten Unterschiede zum real existierenden Kapitalismus aufgewiesen; eine Art Kapitalismus auf Grundlage kollektiven Eigentums, bestehend in vereinzelten Gruppen von Gesellschaftern, die von keiner staatlichen Planung zu einem gesamtgesellschaftlichen Zweck – weder einem sittlichen noch einem ökonomischen – in der Ordnung gehalten worden wären. Es geht nicht darum, den Prager Reformern verborgene Absichten nachzuweisen; das hat ihr zentraler Kopf, Ota Šik, in der Retrospektive schon selbst besorgt.[43] Im Zusammenhang dieser Untersuchung interessiert vor allem der Umstand, daß die Prager Reformen zunächst, wie die Reformen in der DDR, eine Reaktion auf die Vernachlässigung von Produktivität und Leistungsprinzip waren, daß sie aber, anders als diese, vom rechten Flügel der Partei ausgingen und daß sich in ihnen die partikularen Interessen der privaten Produzenten und der Wirtschaftsleute artikulierten. Otanes und Darios unterscheiden sich voneinander wie Ota Šik und Walter Ulbricht. Sie haben aufgrund einer zeitweiligen Schieflage gegen die Herrschaft der Magier ein zeitweiliges gemeinsames Interesse, aber die Gemeinsamkeit endet in dem Moment, da die Magier entmachtet werden. Otanes will an die Stelle der Magierherrschaft die Herrschaft der Geldhändler setzen. Darios ist ein Mann der Mitte, er will beide Parteien in das Gleichgewicht zurückführen, in dem allein sie dem Staat Stabilität verleihen können.

Die dramatische Kollision der Magier mit den Geldhändlern ist aber nicht nur insofern für unser Thema von Bedeutung, als in ihr der Streit zwischen Apparat und Wirtschaftsleuten widergespiegelt ist, dem ja kein anderer Gedanke zugrunde liegt als eben der Widerspruch zwischen demokratischem Anspruch und dem Interesse von Leistungsträgern, sondern das widersprüchliche

Helden und Menge

Verhältnis von Leistung und Demokratie kommt auch selbst im Stück zur Sprache. Namentlich in der ersten Szene des zweiten Aktes, in der Prexaspes den Königsbruder Smerdes ermordet. Bevor es dahin gerät, messen diese beiden sehr unterschiedlichen Helden ihr Wissen über die Geheimnisse des Persischen Reichs. Persien, sagt Smerdes, ist zerfressen vom Kampf »zweier für alle Zeit getrennter Klassen« (HW IV, 201). Prexaspes fällt ihm hierin bei. In der Frage jedoch, welche Klassen es sind, die sich da bekämpfen, zeigt sich der Unterschied in der Denkweise beider Helden. Wir haben noch den Unterschied der Haltungen Romanos und Sabinos im Kopf; wie dieser ganz auf die moralisch-politische und jener ganz auf die geistig-fachliche Eignung der umstrittenen Kandidaten gerichtet war. Dieses Verhältnis finden wir nun auch in der Szene zwischen Prexaspes und Smerdes zum Ausdruck gebracht. Prexaspes teilt Persien in die »Reinen und die Unreinen« (ebd.). Diese Einteilung ist eine politische. Das ist kaum verwunderlich, denn Prexaspes ist Magier, er gehört also derjenigen Kaste Persiens an, deren Hauptgeschäft die Politik ist. Sein Denken ist damit wesentlich vom sittlichen Standpunkt geprägt. Reinheit ist ein theologischer Begriff; theologische Begriffe sind moralische und somit politische. Auf der Bedeutungsebene fügt sich das Bild ebenfalls gut ein: die Funktion des Parteiapparats im Sozialismus war, gleich der der Magier in Persien, die ideologische Formung der Bevölkerung. Ideologie ist Theologie, abzüglich Thaumatologie. Das meint: Ideologie und Theologie haben ihre Gemeinsamkeit darin, daß ihre eigentliche Funktion eine politische ist. Auf diesen Zusammenhang scheint Hacks es abgesehen zu haben, wenn er die Magier für den Parteiapparat stehen läßt, und dieser Vergleich scheint keineswegs polemisch gemeint, sondern einfach aus der Erkenntnis zu kommen, daß Zentralstaaten wie die orientalische Despotie oder der Sozialismus einer ideologischen Absicherung bedürftig sind. Smerdes zeigt dagegen das ganze Maß an Desinteresse, das ein Mann, dessen Denken von wirtschaftlichen Bestimmungen abhängig ist und dessen ganze Loyalität den Geldhändlern gehört, an ideologischen Fragen nur haben kann.

Er verspottet Prexaspes, indem er einwendet, daß doch ein Unreiner sich nur waschen müsse, um ein Reiner zu werden, obgleich ihm doch kaum verborgen geblieben sein kann, daß sein Gegenüber unter Reinheit gewiß nicht die körperliche verstanden wissen wollte. Wo Prexaspes sittlich urteilt, ist Smerdes ganz vom Leistungsgedanken durchdrungen:

> *Nein, Lieber, der ewige Kampf, wie er sich eben zwischen dir und mir abspielt, [...] geht zwischen der klugen und der dummen Klasse. Die Klugen sind wenige, und sie treten für die Gleichheit aller ein; die Dummen sind zahllos und für Abstufung der Ränge.*
> (ebd.)

Da nicht anzunehmen ist, daß Smerdes sich selbst unter die Dummen rechnet, ist es in Hinblick auf das bisher Zusammengetragene bemerkenswert, daß er sich für einen Mann der Gleichheit hält. Leistung und Gleichheit, das haben wir bereits an einem halben Dutzend Stücke und einer größeren Zahl von theoretischen Äußerungen gesehen, sind bei Hacks zwei sich ausschließende Prinzipien. Das Bekenntnis des Smerdes verblüfft somit; er selbst sorgt allerdings für Aufklärung:

> *Der Kluge braucht Gleichheit nicht zu fürchten, Natur hat ihn bevorrechtet, er herrscht, wo keiner herrscht.*
> (HW IV, 201f.)

Gleichheit, das heißt hier also Gleichheit der Chancen. Es zeigt sich damit, daß Smerdes unter Gleichheit genau das versteht, was wir bisher Ungleichheit nannten, und unter Ungleichheit, was als Gleichheit verstanden wurde. Während in den bisher gesichteten Werken und Schriften die Gleichheit stets aufgefaßt wurde als *Gleichheit im Ergebnis*, also das Ziel, das es zu erreichen gilt, faßt Smerdes den Begriff der Gleichheit als *Gleichheit in den Voraussetzungen* auf, wobei genauer die äußerlichen (gesellschaftlichen)

Voraussetzungen gemeint sind, da die inneren (natürlichen) Voraussetzungen, indem unterschiedliche Begabungen zwischen Menschen immer vorhanden sind, kaum als gleich verstanden werden können. Smerdes will demnach nicht die Gleichheit am Ende, er will sie am Anfang des gesellschaftlichen Prozesses, den unbehinderten und unbeschränkten Kampf des Einzelnen gegen den Einzelnen, in dem der Begabtere sich gegen den weniger Begabten durchsetzt und so die Ungleichheit festigt. Wir treffen hier jenes Paradoxon wieder, das der Gleichheitsbegriff überall dort mit sich bringt, wo – was nur ein anderes Wort für Ungleichheit – Individualität gegeben ist: das Problem der Ungleichheit schaffenden Gleichbehandlung und der Gleichheit schaffenden Ungleichbehandlung, von dem bereits im vorangegangenen Abschnitt gehandelt wurde und das auch Karl Marx in seinen »Randglossen« (vgl. MEW 19, 20f.) schon beschäftigt hat. Die Forderung, allen Individuen, ungeachtet ihrer unterschiedlichen Voraussetzungen, dieselben Chancen zuzugestehen, und die Forderung, gegen eine sich aufgrund der unterschiedlichen Begabungen der Individuen immer wieder herstellenden Ungleichheit zu wirken, sind von gegenläufiger Tendenz. Smerdes hängt dezidiert der ersten Forderung an. Und was er Gleichheit nennt, das meint in Wahrheit Freiheit: Freiheit zum Kampf der Menschen gegeneinander. Nur wenn man das verstanden hat, kann sich auch der tiefere Sinn des scheinbar absurden Ausrufs erschließen, den Smerdes kurz vor seinem Tode ausstößt: »[H]eute ist Ausbruch der Freiheit, wir werden euch alle zu Sklaven machen« (HW IV, 202). »Das Feldgeschrei aller Gutgesinnten lautet: Freiheit und Feudalismus« (HW XV, 19), wird es später in »Zur Romantik« heißen. Wogegen Smerdes sich letztlich richtet, das ist der verwaltete Staat mitsamt seinem Beamtenapparat. Von der Beamtenschaft, das zur Erinnerung, sagt Hacks, sie unterdrücke das Zufällige und stelle Gleichheit her (vgl. HW XV, 158). Smerdes will möglichst wenig Staat, Gesetze und Restriktionen; dieser Zustand der geringstmöglichen Gesittung ist es, der die Starken siegen läßt, und die Starken sind es, die er meint, wenn er von den Klugen spricht. Das Ende der orientalischen Despotie bedeutet zugleich den Beginn von Freiheit und Sklaverei, und von ihrer Neigung, Ungleichheit und Unterdrückung zu schaffen, hat die reelle Freiheit sich bis in unsere Gegenwart etwas bewahrt, denn Freiheit, das ist immer auch die Freiheit derjenigen, die der Unterdrückung anderer fähig oder willens sind. Die Einsicht, daß Freiheit und Sklaverei als gesellschaftlich verwirklichte Erscheinungen, wie die zwei Gesichter des Ianus, zugleich verschieden und untrennbar sind, ist so sehr aus dem Leben gegriffen, daß sie als die ungeheure Peinlichkeit, die sie für alle Beteiligten (für Unterdrücker wie Unterdrückte) ist, bis heute von einem weißen Fleck auf der Landkarte des Liberalismus überdeckt wird.

Den Freunden der ungleichen Gleichheit stellt Smerdes nun die Freunde der gleichmachenden Ungleichheit gegenüber, die für die Abstufung der Ränge eintreten und die er zu seinen natürlichen Feinden erklärt:

Der Dumme aber, der niemals klug wird, versichert sich eines Amtes, das ihm erlaubt, die Klugheit unversöhnlich zu verfolgen.
(HW IV, 202)

Er scheint damit in gleicher Weise auf die Beamten des Königs wie auf die Magier anzuspielen, welche beiden Gruppen organisiert auftreten und denen beiden Prexaspes im übrigen ja angehört. Nichtskönner, hatte Smerdes bereits gegenüber Kambyses bekundet, sind königstreu, weil sie »die Mittel zum Vorwärtskommen, die sie nicht in sich haben, über sich suchen müssen« (HW IV, 194). Weil Dummheit, soll das heißen, sich organisieren muß, ist jede Organisation ein Organ der Dummheit. Damit reduziert Smerdes die Magier und die königlichen Beamten, ungeachtet ihrer sonstigen Unterschiede (dem z.B., daß der Apparat der Magier eine Partikulargewalt ist, der Apparat der staatlichen Beamten aber der Zentralgewalt untersteht), auf ihre Eigenschaft, daß in ihren Reihen die Nichtkönner vorherrschen. Insofern setzen sie

Helden und Menge

sich in der Tat beide dem Stand der Geldhändler, den Freiheitsleuten und Großgrundbesitzern, entgegen.

Parteiapparat und Staatsapparat sind die natürlichen Feinde der Leistungsträger, und der Widerspruch von Leistung und Demokratie erweist sich somit als institutionalisiert; ein jeder Apparat ist zwar nicht zwangsläufig, was seinen Zweck, doch unvermeidlich, was seine Funktionsweise betrifft, demokratisch, weil er, der einer großer Menge von Mitgliedern bedarf, sich unvermeidlich aus der Menge der weniger Begabten, die in jedem Fach die Mehrheit stellen, rekrutiert und die ihm innewohnende Tendenz das Gleichmachen des Besonderen ist.[44] Wenn Hacks sagt, daß die Beamtenschaft das Zufällige unterdrücke, bedeutet das nichts anders, als daß der Apparat die Freiheit bekämpft, indem er an ihre Stelle die Gleichheit setzt. Beides, die Gleichheit durchsetzen und die Freiheit bestehen lassen, ist zugleich nicht möglich und wäre es nicht einmal, wenn der Apparat vollständig aus Begabten bestünde, die fest zu diesem Ziele entschlossen sind. Auch die Freiheit nämlich ist ein Ideal, und wie alle Ideale wird sie undurchführbar, wenn sie absolut verwirklicht werden soll. Insbesondere steht sie im Gegensatz zum Ideal der Gleichheit. Wer von Freiheit spricht, spricht stets von jemandes Freiheit, und in aller Regel von seiner eigenen. Die Freiheit, das liegt in ihrem Begriff, kann immer nur auf Einzelnes – einen einzelnen Menschen oder eine vereinzelte, d.h. von anderen unterscheidbare Gruppe – bezogen sein. Die Gleichheit dagegen, da sie ein relationaler Begriff, ist stets auf die Allgemeinheit bezogen. Eine Gleichheit einzelner oder weniger wäre ein Widerspruch in sich. Bereits das macht einen Gegensatz zwischen den Idealen Gleichheit und Freiheit. Vollends undurchführbar wird die Sache dann in der Praxis, wo verschiedene Menschen aufeinanderstoßen, die verschiedene Zwecke, Vorstellungen und Fähigkeiten besitzen, und man müßte sich hierzu also einen gesellschaftlichen Zustand denken, in dem alle Menschen gleichstrebend, gleichgesinnt und gleichbegabt sind, eine Vorstellung, die ebensowenig als realisierbar gedacht werden kann, wie sie langweilig ist. Soweit es die Wirklichkeit betrifft, ist des einen Freiheit stets des anderen Unfreiheit. Auf das Nämliche scheint Hacks hinauszuwollen, wenn er schreibt: »Der Feind der Freiheit ist die Gleichheit« (HW XV, 19). Wo Rick Stein sich aber noch ins Private zurückzieht und einfach nur für sich frei sein und leben will, da beabsichtigt Smerdes, seine Freiheit zum universellen Prinzip ganz Persiens zu machen. Unbestritten, daß sein liberaler Zynismus eine Gefahr für das Land darstellt. Er ist, wie Kambyses urteilt, »krank vor Klugheit« (HW IV, 233), das meint: durch seine besonderen Fähigkeiten borniert. Die Klugen, wie wir uns erinnern, sind unsichere Leute. Die andere Seite der Sache ist dann der demokratische Gedanke, der die Freiheit unablässig bekämpft. Im Libretto »Die Vögel« findet sich folgender Dialog:

> HOFFMEIER *Demokratie ist, wenn alle dürfen, was alle wollen.*
> TEREUS *Das ist doch gut.*
> HOFFMEIER *Ja, und keiner darf, was er will.*
> (HW V, 9)

Demokratie stellt einfach den Willen einer Mehrheit her, und das heißt zwangsläufig, daß die Möglichkeiten der Minderheiten – der starken wie der schwachen – beschränkt werden. Auch dieses Verhältnis zu beschreiben ist ein Tabu, das sich bis in unsere Gegenwart erhalten hat, wo man ja allgemein von freiheitlich-demokratischen Verhältnissen spricht, ohne sich dessen bewußt zu sein, daß man mit dieser doppelten Begrifflichkeit einen unauflösbaren Widerspruch bezeichnet.

Es ist nun kaum abweisbar, daß aus diesem Widerspruch zwischen Freiheit und Gleichheit – einer Freiheit, die Unterdrückung der Schwachen bedeutet, und einer Gleichheit, die jegliche Individualität unterdrückt – nur folgen kann, daß eine dritte Kraft notwendig ist, die beide Ideale in ein erträgliches Verhältnis setzt und die Alleinherrschaft eines der beiden, die durch das vollständige Verschwinden des je anderen bedingt wäre, verhindert. Diese Kraft ist im »Prexaspes« durch die königliche Macht verkörpert. Sowohl Kambyses als auch Darios, bei allem Unterschied in Temperament und Neigung, handhaben diese Macht auf absolutistische Weise; sie sind also nicht bestrebt, sich auf eine der beiden Seiten, die der Magier oder die der Geldhändler, zu schlagen, sie halten es aber ebenso wenig für sinnvoll, beide Seiten vollständig zu entmachten. Was sie tun, das ist, sie konservieren das Verhältnis, indem sie auf den Ausgleich zwischen den Kräften zielen. Beiden Klassen nämlich kommt im Persischen Reich eine Funktion zu, die ihren Verbleib im gesellschaftlichen Gefüge notwendig macht. Die Funktion der Geldhändler leuchtet unmittelbar ein. Sie stehen für den Fortschritt der Produktivkräfte, für den steigenden Reichtum, und es ist genau diese Funktion, die sie dazu befähigt, innerhalb der Fabel als Metapher für die Wirtschaftsleiter und Fachleute im Sozialismus zu stehen. Die Funktion der Magier ist dagegen die Handhabung des sittlichen Gedankens und das Herstellen einer ideologischen Einheit im Reich. Auch sie entsprechen in dieser Funktion ziemlich genau dem, was sie als Metapher verkörpern sollen: dem Parteiapparat im Sozialismus. Von einiger Bedeutung ist ein Dialog zwischen Kambyses und seinem Bruder Smerdes. Dieser nennt die Magier Nichtskönner, Kambyses fragt ihn darauf, ob die Magier wirklich nichts können. Hierauf entgegnet Smerdes:

> *Unter unserem Vater Kyros, als wir Perser in ledernen Hosen herumritten und uns allein durch unsere Bestimmung von den Wilden unterschieden, besaßen sie vielleicht eine Art von geheimer Wissenschaft und waren mit ihren kümmerlichen Kenntnissen mächtig wie, wo das Rindfleisch rar ist, die Metzger. Jetzt haben andere Leute mehr Kenntnisse, seither sind sie vollkommen verblödet, und zu ihnen geht nur noch der Abschaum.*
> (HW IV, 194)

Das läßt sich übersetzen: Die früheren Zeiten stehen für die Phase der Revolution und die ersten Jahre des sozialistischen Aufbaus, worin der Parteiapparat der alleinige Sachwalter der gesellschaftlichen Bewegung war. Die neuen Zeiten stehen für die Gegenwart, in der der Dichter sich in der Entstehungszeit des »Prexaspes« befand, in welchem Abschnitt der Parteiapparat nicht nur in seiner Macht eingeschränkter war als in der Anfangszeit des Sozialismus, sondern auch durch die zunehmende Kompliziertheit und Verwissenschaftlichung des Produktionsprozesses mit seinem Wissen nicht mehr hinlangte. Das Wissen von Partei und Wirtschaft war durchaus unterschiedlich. Die Technokraten, Ausnahmen beiseite gelassen, wußten alles über die Naturwissenschaften und die Ökonomie; von gesellschaftlichen Fragen verstanden sie weniger. Mit den Parteileuten verhielt es sich, Ausnahmen auch hier beiseite gelassen, genau umgekehrt. Sie wußten alles über den Klassenkampf, aber der hatte sie ihr ganzes Leben beschäftigt, ihnen die Zeit für anderes Fachwissen geraubt und ihr Denken in bestimmte Formen gepreßt. Doch daß sie das Denken in bestimmte, nicht für alle Bereiche des Lebens hinlängliche Formen preßt, gilt nicht nur von der politischen Lebensweise, sondern auch von der der Naturwissenschaftler und Ökonomen. Niemand im »Prexaspes« verkörpert die Beschränktheit der Ökonomen mehr als gerade Smerdes. Wenn er das Wissen der Magier für überflüssig erklärt, verrät er nichts weniger als sein Desinteresse an politischen Fragen und sein vollkommenes Unverständnis für ihre politische Funktion im Persischen Reich. Es ist diese Beschränktheit, die den überaus begabten Smerdes, wäre er der Herrscher, zu einer großen Gefahr für das Reich machte. Kambyses dagegen durchschaut die Verhältnisse, die er lenkt, sehr genau. In der ersten Begegnung mit Darios wird die Sache an einem Satz deutlich. Als dieser die Notwendigkeit des Königtums aus den sozialen Bedingungen des Landes herleitet und (denn er scheint seinen Wittfogel gelesen zu haben) die orientalische Despotie als hydraulische Gesellschaft bestimmt, antwortet ihm Kambyses: »Ich sehe schon, du kannst nicht aus deiner Denkart, aber für den Teil der Sache habe ich schließlich meine Magier« (HW IV, 209). Die Aufgabe der Magier ist also geradezu das Verdecken der inneren Geheimnisse des Rei-

Helden und Menge

ches, seiner neuralgischen Punkte, Schwachstellen und inneren Risse; nicht zuletzt auch des Kampfes zwischen den verfeindeten Klassen. So spricht Smerdes mißbilligend zu Prexaspes: »Unser schönes Persien ist so einig nicht, wie ihr Pfaffen Zweckgründe hattet, glauben zu machen« (HW IV, 201). Die Einheit Persiens scheint demnach ein fester Bestandteil der von den Magiern beförderten Theologie zu sein, und wir erkennen darin natürlich umgehend das »Theorem von der moralisch-politischen Einheit« (AEV, 129f.) wieder, von dem Hacks sagt, daß es eines der beiden Mittel Walter Ulbrichts war, das politische Gesamt der DDR im Gleichgewicht zu halten. Wenn Kambyses im Stück verkündet: »Wieder hat sich erwiesen, daß es innerhalb des persischen Reiches kein Gegeneinander geben kann« (HW IV, 195), scheint das auf nichts anderes anzuspielen als eben darauf.

Das Mittel, mit dem beide einander verfeindeten und dennoch notwendigen Klassen Persiens im Gleichgewicht gehalten werden können, ist der dem König unterstellte Beamtenapparat, für den Prexaspes steht. Er unterstellt sich ganz dem Staat und sieht folglich auch alles andere diesem unterstellt:

Niemand kennt die richtige Weise, Gott zu verherrlichen, als unser Orden. Unseres Ordens heilige Spitze aber ist der König; deshalb verleugnet Gott, wer den König verleugnet [...]
(HW IV, 199)

Damit formuliert er im Grunde die Theologie einer Staatskirche, worin die geistliche Macht der weltlichen untergeordnet wird. Im ferneren wäre zu überlegen, ob dieser Gedanke auf der Bedeutungsebene nicht auch als Bestimmung des Verhältnisses von Ideologie und Gegenwart gelesen werden kann. Gott stünde dann für die Klassiker des Marxismus, der König für den gegenwärtigen Partei- und Staatsführer; Marx contra Ulbricht also. Das Verhältnis zwischen dem Wort der marxistischen Autoritäten und den Bedürfnissen der Gegenwart wäre, wollte man eine schreiben, sicher das Hauptthema einer Geschichte der marxistischen

Theorie. Zwischen beiden Instanzen ist es naturgemäß immer wieder zu Spannungen gekommen. Insbesondere, was die Zukunftsprognosen von Marx und Engels, was ihr Bild von Sozialismus und Kommunismus betrifft, erwies sich einiges als der Korrektur bedürftig. Die Eule der Minerva flog auch im Sozialismus erst mit der Dämmerung. Widersprüche zwischen der gegenwärtigen Wirklichkeit und dem Begriff, den man sich, bevor sie gegeben war, von ihr gemacht hatte, waren unvermeidlich. Nirgends aber zeigen die Menschen die Unterschiede in ihren Begabungen und Neigungen so deutlich wie im Umgang mit Widersprüchen. Die meisten unter denen, die sich politisch engagieren, neigen zweifellos dazu, das Ideal der Wirklichkeit vorzuziehen, und sie unterscheiden sich dann voneinander nur noch dadurch, ob sie das Ideal gegen die Wirklichkeit setzen, dieser zum Vorwurf, daß sie jenem nicht entspricht, oder es vorziehen, den unübersehbaren Unterschied zwischen Ideal und Wirklichkeit zu übersehen. Es gibt bis heute Marxisten, die, wenn sie wissen wollen, was der Sozialismus ist, lieber die »Randglossen« aufschlagen als einen unvoreingenommenen Blick auf seine Geschichte zu riskieren.

Prexaspes jedoch scheint der anderen Gruppe anzugehören, derjenigen, die die Wirklichkeit dem Ideal vorzieht. Aber auch in dieser Gruppe ist Unterscheidung möglich. Ganz offenkundig hat seine Orientierung auf die Wirklichkeit nichts mit dem hohen Begriff der fröhlichen Resignation zu tun, sondern scheint vielmehr seinem Pragmatismus zu entspringen. Wer die Utopie im Handeln beschränken will, muß sie zunächst einmal besitzen. Die hervorstechende Eigenschaft des Prexaspes scheint aber gerade zu sein, daß er überhaupt nichts will. Sein Wirklichkeitssinn ist nicht im geringsten erarbeitet, sondern einfach das Resultat mangelnder Phantasie. In seiner außerordentlichen Beschränktheit steht er für die Eigenarten des Beamten überhaupt: Unfähigkeit und Anspruchslosigkeit. Es ist, wie die Dolmetscherszene (vgl. HW IV, 221ff.) zeigt, nicht nur die Unfähigkeit des Prexaspes, die das Unheil anrichtet und Kambyses letztlich ins Grab befördert, sondern auch seine Unlust, sein Mangel an Eifer. »Es gibt nur eines«, schreibt Hacks, »das eine Administration wirklich gern tut, und das ist: gar nichts« (HW XIV, 438). Prexaspes verhält sich zu seinem König Kambyses wie die Institution zu dem von ihr vertretenen Geist, wie der Körper des Staates zur Staatsidee. Er dient – hierin Gabriel aus »Adam und Eva« sehr ähnlich – seinem Herrn treu, ohne den höheren Zweck, dem er damit auch dient, im mindesten zu begreifen. Denkbar scharf ist er damit im Gegensatz zu Smerdes, der die Sache des Königs vollständig zu seiner eigenen macht, so sehr, daß sie sich schließlich gegen den König selbst richtet. Über ihn sagt Prexaspes: »Der so mit Eifer dient, dient schlechter ja als schlecht« (HW IV, 200). Für Prexaspes hat der Staat recht, weil er der Staat ist. Für Smerdes hat der Staat nur recht, wo er recht hat. Beide Haltungen sind politisch nicht unproblematisch; von größerer Einfalt freilich ist die des Prexaspes. Die Frage nach der »Aufklärbarkeit des Apparats« (AEV, 24) ist deswegen so vertrackt, weil zum einen die Notwendigkeit einer Verwaltung des menschlichen Lebens auch beim weitesten Blick in die Zukunft nicht zu schwinden scheint, zum anderen aber im mindesten nicht denkbar ist, daß die Beamtenschaft jemals anders sein könnte, als sie ist und immer war. Wer die Geschichte eigentlich bewegt, das Genie oder die Bürokratie, ist schließlich auch eine Frage, die nicht eindeutig zu beantworten ist. Klar ist, daß es ohne Genies nicht geht. Aber was ist das Genie ohne den Staat? Und was der Staat ohne seine Verwaltung? Ohne die, und hier könnte man auf den Columbus zurückkommen, bleiben die Ideen im stofflosen Raum des Unverwirklichten. Es ist ausgerechnet der Magier Patizeithes, das eigentliche Haupt des Aufstands gegen Kambyses, der das Problem – und man mag sich dabei an die Resignation des Moritz Tassow erinnern – ausspricht:

Nie erlaubt uns die Welt, unsere Entwürfe mit eigener Hand zu verwirklichen, immer schieben sich Werkzeuge zwischen Gedanken und Ausführung. Was, Werkzeuge? Menschen lei-

Prexaspes

der, minder tauglich als jedes Werkzeug. Sind sie unfähig, sind sie unbrauchbar, sind sie fähig, lassen sie sich nicht gebrauchen.
(HW IV, 228f.)

Das Problem scheint objektiv und unlösbar, wahrscheinlich also objektiv unlösbar. Den Apparat abzuschaffen hieße, die Freiheit walten zu lassen mit all den Folgen, die das für die Gesittung des Landes hätte. Den Apparat kontrollieren hieße, eine weitere Institution zu schaffen. Zwei Behörden sind um nichts besser als eine, freilich, im Gegen- oder besser: Zusammenspiel, um vieles schlechter. Die Kontrolle spontan erfolgen zu lassen endet mit Regelmäßigkeit in volkstümlichen Pogromen, wie sie, gleichermaßen lächerlich wie traurig, von Maos Kulturrevolution denkbar abschreckend vertreten sind. Die Idee, daß ausgerechnet das Volk, dessen eingeborene Unzulänglichkeit doch gerade der Grund für die Existenz von staatlicher Gewalt, von Gesetzen und Verwaltung ist, darüber entscheiden könne, ob die Verwaltung des Landes ihre Arbeit richtig macht oder nicht, ist von einer solchen Weltfremdheit, daß die extremen Ausbrüche, die bei ihrer Realisierung hervorgerufen werden, kaum verwunderlich sind. Im selben Jahr 1968, da der »Prexaspes« entstand, in Prag der Aufstand der Rechten und in Peking die Revolte der Linken den Staat und seinen Apparat erschütterten sowie in Frankfurt (Main) und Berlin (Dahlem) die studierende Jugend, gleichsam von Prag und Peking beflügelt, sich daran machte, den Marxismus von seinen rationalen und realistischen Elementen zu befreien, schreibt Peter Hacks über die Idee einer Revolution gegen den Staat:

Solange eine Revolution, wie die sozialistische, bei weitem noch nicht alles an den Tag gebracht hat, was an Produktivität in ihr steckt, verwandelt sich jede Revolution gegen diese Revolution in eine Gegenrevolution; das haben der Kronstädter Aufstand, der 17. Juni, der ungarische Konteroktober und Maos Emeute der Unbedarften gleichermaßen bewiesen.[45]

Darios spricht denselben Gedanken in den Schlußversen des Stücks aus:

> *Solang Bedürfnis nicht das alte Muster sprengt,*
> *Gesetz so sehr nicht drückt, als es Entlastung schenkt,*
> *Sich unterm Schirm der Macht das Gute immer festigt*
> *Und, was zum Bessern hin sich müht, bleibt unbelästigt,*
> *Solang die Frag: was nützt der König jedermann?,*
> *In jedermanns Verstand noch Antwort finden kann,*
> *Solang wird uns kein Schlag von keiner Seite fällen.*
> *Laß uns, Atossa, gehn und unser Reich bestellen.*
> (HW IV, 253f.)

Anders als im »Numa« (vgl. SD, 149f.; HW IV, 354) wird die Möglichkeit eines Absterben des Staates hier nicht ausdrücklich verneint, aber dieses *Solang* scheint kaum anders verstanden werden zu können als ein: *sehr lang*. Darios ist, wie sich somit erweist, ganz vom Geist des Kambyses. In einer Frage aber unterscheiden sich ihre Herrschaftsweisen. Kambyses ist von Hacks unbestreitbar als genialer Herrscher gezeichnet. Er ist rücksichtslos, brutal und zynisch, aber er hält das Land zusammen, und nichts im Lande scheint über seiner Erkenntnishöhe zu liegen. Doch so genial dieser König als Herrscher auch ist, er bedient sich zur Durchsetzung seiner Macht ausschließlich solcher Gestalten, die ihm denkbar fremd sind, der Dummköpfe und Nichtskönner; »gescheit«, sagt er, »bin ich selber. Ehe ich mich mit einem mittelmäßigen Gehirn herumstreite, halte ich mir lieber einen vollkommenen Dummkopf, der tut, was ich ihm sage« (HW IV, 195). Nun wird ihm aber die Unfähigkeit seines Dieners Prexaspes selbst zum Verhängnis (vgl. HW IV, 221ff.). Sein Tod wiederum ist kein Einzelereignis, sondern eine Staatsangelegenheit. Sterbend resümiert er:

> *Die Diener, die ich nahm: verächtliche Gestalten.*
> *Die Tüchtigen sandt ich fort; die Blöden ließ ich schalten.*
> (HW IV, 232)

Prexaspes

Obgleich er sich durch Notwendigkeit entschuldigt sieht:

Freilich, wenn rings im Land Parteiung droht dem Herrn,
Hält er die Tüchtigsten wohlweislich von sich fern.
(ebd.)

Wir kennen den Gedanken bereits. Im Streit der Richtungen neigt der Begabte, die Figur des Smerdes steht hierfür, zur Borniertheit und zum Arbeiten auf eigene Rechnung. Überdies ist er dem König, ob nun als potentieller Thronfolger oder einfach als gesellschaftlich Mächtiger, ein Konkurrent um die Macht. Im Fall von Smerdes kommt noch hinzu, daß er als König eine dem Persischen Reich kaum zuträgliche Politik zur Durchführung gebracht hätte. Diesen Problemen zum Trotz urteilt Kambyses kurz vor seinem Tod, daß die Ermordung des Smerdes ein Fehler war: »Ich habe Kyros' Haus auf meinen einzigen Leib gestellt und hätte wissen sollen, was für eine hinfällige Stütze und morsche Säule der ist« (HW IV, 233). Der Vorzug der Monarchie ist, daß sie Einheit herstellen kann. Wo die Oligarchie oder die Demokratie durch den Kampf der einzelnen Richtungen unablässig geschwächt werden, vermag die Monarchie immerhin die Kämpfe, die auch sie nicht ausschalten kann, in eine produktive Ordnung zu bringen. Der Nachteil der Monarchie ist, daß in ihr alles von einer Person abhängt. Die Nachfolgerfrage ist demnach ihr wunder Punkt. Darios, so deutet das Stück es an, wird sich in seiner Herrschaft nicht allein auf die Dummköpfe stützen. Er selbst ist ja einer, der von außen kommt, weder Magier noch Adliger. Die Königsdiener nennen ihn »den Krämer« (HW IV, 194). Otanes dagegen sieht in ihm den wiederhergestellten »Wahnsinnsstaat« (HW IV, 253). Darios ist fortschrittlich, er denkt modern, geht die Probleme technisch an; aber zugleich ist er auch ein politischer Kopf. Er vereinigt in sich Fachkönnen und politische Wirklichkeitssinn, und man kann vermuten, daß er damit Hacksens Bild eines idealen Herrschers ist. Kambyses selbst gab Persien den Rat für seine Nachfolge: »Nehmt nicht den Unmaßgeblichsten« (HW IV, 235).

VI. DER DICHTER UND SEINE ZEIT

Ich habe zu Beginn der Abhandlung vier Fragen gestellt: *Wieviel Genie verträgt die Gesellschaft? Wieviel Gesellschaft verträgt das Genie? Kann ein Staat auf Leistungsträger verzichten? Kann er mit ihnen rechnen?* Die Fragen haben sich als grundlegend für das Verständnis der behandelten Werke erwiesen; die ersten beiden richten sich auf das Verhältnis des einzelnen Genies und der Gesellschaft. Das Genie ist eine Tatsache; es wird nicht erzeugt, es erscheint einfach. Die Gesellschaft hat nicht nach ihm gerufen; sie ist ein Ort, an dem das Genie als fremdes Element auftritt, eine Umwelt, die ihm gegenüber feindlich ist. Aber das Genie erträgt die Gesellschaft, sobald es sich dazu nötigt. Diese Nötigung nennt Hacks fröhliche Resignation, mit Hilfe welcher Haltung das Genie seinen eigenen, autonomen Ort durchbricht und sich in einem Gefüge, das nicht allein von ihm selbst abhängt, zurechtfinden lernt. Indem es aber seine innere Neigung zur asozialen Haltung aufgibt, hört es noch lange nicht auf, asozial zu sein. Selbst da, wo sie nicht mehr in der Haltung zu finden ist, liegt die Asozialität des einzelnen Leistungsträgers immer noch in seiner Tätigkeit selbst. Durch diese macht er sich unverzichtbar und somit gesellschaftlich mächtig, wodurch er in der Gesellschaft einerseits Neid, andererseits Furcht und Mißtrauen erzeugt. Selbst also wenn das Genie sich entschließt, die Gesellschaft weitgehend zu ertragen, wird die Gesellschaft das Genie nicht ertragen können. Aber auch in dieser Einsicht liegt für das Genie wiederum die Chance, sich als reif im Umgang mit den Gegebenheiten der Wirklichkeit, sich als fröhlich resigniert zu erweisen. Anders als die Gesellschaft hat es die Möglichkeit, über sich hinauszugehen und alles, selbst seinen eigenen gesellschaftlichen Standort, von einem höheren Standpunkt aus zu begreifen.

Doch was für den einzelnen Leistungsträger gilt, gilt vom Stand der Leistungsträger nicht. Gegenüber der Frage nach dem Verhältnis des Genies zur Gesellschaft stellte sich somit die Frage nach dem Verhältnis, das der Stand der Leistungsträger und die Gesellschaft besitzen. Dabei interessierte zunächst, daß es auch innerhalb dieses Standes Differenzen gibt, sich die Koryphäe von ihren Berufsgenossen ebenfalls unterscheidet und somit auch unter den Leistungsträgern ein Verhältnis von Leistung und Demokratie entsteht. Das äußerliche Verhältnis erlangt dagegen eine Tragweite für die Struktur der Gesellschaft insgesamt. Die Unverzichtbarkeit der Leistungsträger macht ihren Stand mächtig. Diese Macht bedeutet Gefahr für andere Stände, und so hat der Stand der Leistungsträger einen natürlichen Gegner in der demokratischen Richtung, deren Geist – der im Ideal der Gleichheit zu sich findet – im Sozialismus vom Parteiapparat verkörpert und gehandhabt wird. In der Partei haben die Spezialisten ihr politisches Gegengewicht. Das gesellschaftliche Problem von Leistung und Demokratie läßt sich also nicht auf gesellschaftliche Weise lösen; es in eine Ordnung zu bringen, die Gerechtigkeit erzeugt, indem sie keine der beiden Seiten die Oberhand gewinnen läßt, kann nur auf der Ebene des Staats verwirklicht werden.

Auf die Art erweist sich das Verhältnis von Leistung und Demokratie als konstituierend für das gesellschaftliche Denken von Peter Hacks, mithin für sein begriffliches Geflecht von Staat und sozialistischer Gesellschaft. Genetisch stellt sich die Abhängigkeit der Begriffe auf doppelte Weise dar: Der Widerspruch von Leistung und Demokratie läßt sich als Motiv bereits früh im Werk des Dichters nachweisen. Er wird hier allerdings noch rein anthropologisch gefaßt. Mit den Erfahrungen im Sozialismus, die Hacks seit 1955 macht, gewinnt der Widerspruch im dramatischen Werk von Hacks neben dieser rein anthropologischen Ausformung eine zusätzliche gesellschaftliche Ebene, auf der er sich schließlich in einer Form vergegenständlicht, die Hacks als hauptsächliche Erklärung der gesellschaftlichen Gesamtbewegung heranzieht: das Verhältnis der »sozialistischen Klassen«, Parteiapparat und Spezialisten.

Es wäre demnach ebenso verfehlt, den Dichter seinen geistigen Anfang erst in der DDR haben zu lassen und den frühen Hacks als einen gänzlich anderen Dichter und Denker hinzustellen, wie man in die Irre ginge, wenn man die Entwicklung, die Hacks genommen hat, als eine im Anfang schon vollständig angelegte, bloß innerliche, von äußeren Umständen unabhängige darstellt. Gerade im Zusammenfall von Innen und Außen, von Entäußerung der Seelenlage und Widerspiegelung der Weltlage, liegt eine Voraussetzung großer Dichtung, eine Voraussetzung mithin des Genies. So sehr Hacks das Verhältnis von Leistung und Demokratie auch in seinen frühen Jahren bereits im Kopf hatte und dies Verhältnis ihm, z.B. in der »Eröffnung des indischen Zeitalters«, zur Gestaltung aufgegeben war, so sehr hat er es tatsächlich auch – die Dichte der Beziehungen zwischen Werk und Zeit lassen keinen anderen Schluß zu – induktiv, durch Beobachtung und Erleben der gesellschaftlichen Entwicklung der DDR aus deren Umständen und Bewegungen heraus abgeleitet. Er entdeckte also, läßt sich sagen, am Sozialismus ein Thema wieder, das ihn, wie sein Frühwerk zeigt, schon von Anbeginn interessiert hatte, und diese Wiederentdeckung erwies sich als fruchtbar auch für das Thema selbst, das sich nun – etwa seit 1960 – zu einem zusammenhängenden Bild der sozialistischen Gesellschaft entwickeln konnte.

Inwieweit dieses Bild zur Erkenntnis der Formation des Sozialismus Wesentliches beizutragen hat, inwieweit es also mehr ist als nur der individuelle Zugang eines Dichters zu seiner Zeit, darüber ist verschiedentlich gestritten worden. Bezeichnend ist, daß die Kritik, die seitens marxistischer Theoretiker an Hacks geübt wurde, sich mit dieser Frage gar nicht beschäftigte, sondern sich vielmehr darauf konzentrierte, die Differenz der Hacksschen Theorie zum traditionellen Begriffskanon des Marxismus herauszustellen und darin bereits ihre Aufgabe als erledigt zu betrachten.[46] Sicherlich ist die Frage, wie Hacksens Stellung in der Geschichte der marxistischen Theorie zu verorten und letztlich zu beurteilen ist, einiger Überlegung wert, aber sie mit der Frage, ob die Theorie des Dichters auf die eine oder andere Weise Wirklichkeit bezeichne, gleichzusetzen, ist eben nur möglich, wenn man von der Unerschütterlichkeit der traditionellen Theorie des

Marxismus so überzeugt ist, daß man es für undenkbar hält, von alternativen Perspektiven aus zu Erkenntnissen über dieselben Gegenstände kommen zu können. Ich möchte das *Inwieweit* keineswegs als erledigt betrachten, meine aber, daß das *Ob* beantwortet ist. Wie immer man zur gelegentlichen Unschärfe und zur eigenwilligen Bildung der Hacksschen Theorie stehen mag – daß in ihr keineswegs nebensächliche Erkenntnisse zum historischen Phänomen Sozialismus enthalten sind, läßt sich im Angesicht des in dieser Untersuchung zusammengebrachten Materials nicht abstreiten. Mit Leistung und Demokratie stoßen innerhalb des Sozialismus zwei Prinzipien aufeinander, die beide zur Konstitution dieser Gesellschaft notwendig sind: Der überfließende Reichtum erfordert die Leistung, der sittlich-humane Anspruch die Demokratie. Sieht man von der Besonderheit der Begriffe ab, so fällt auf, daß dieses begriffliche Paar auf das Verhältnis von gesellschaftlichem Wachstum und gesellschaftlicher Struktur oder, marxistisch ausgedrückt, von Produktivkraftentwicklung und Produktionsverhältnissen rekurriert.

Der Begriff der Demokratie bezeichnet bei Hacks den allgemeinen Kampf der Menschen gegen ausbeutende und unterdrückende Kräfte, gegen »Aneigner[...] fremder Arbeitskraft« (FR, 23), und ist insofern auch allgemein ein Inbegriff der Bestrebungen der Arbeiterbewegung, die auf eine Umstrukturierung der Produktionsverhältnisse hinauslaufen. Die Umstrukturierung zeigt sich nicht nur in der Abschaffung der Aneignung fremder Arbeitskraft, sondern auch in der Vergesellschaftung der Produktionsmittel und in der bedarfsgerechten Verteilung des erwirtschafteten Reichtums, womit eine gänzlich neue Lebensweise angestrebt und verwirklicht wird. Die Notwendigkeit der Leistung erklärt sich aus der Notwendigkeit der Entwicklung der Produktivkräfte. Bereits Marx hatte geäußert, daß vor der vollen Entfaltung der bedarfsorientierten Distribution eine Phase nötig sei, in der die Distribution leistungsorientiert zu erfolgen habe (vgl. MEW 19, 21). Was bei Marx noch aus der Not des nichthinreichenden Angebots folgt, wird bei Ulbricht zum wesenseigenen Verhältnis: das Leistungsprinzip als beständiger und bleibender Motor der Produktivkraftentwicklung im Sozialismus. Die Überzeugung der NÖS-Periode lag darin, daß die Gesellschaft nur insoweit kommunistische Produktionsverhältnisse (Bedarfsproduktion, Aufhebung der Warenwirtschaft) vertragen könne, als der Stand der Produktivkräfte zulasse, und daß es daher primär auf die Entwicklung der Produktivkräfte ankomme. Zu keiner Zeit wurde der Notwendigkeit der Leistung stärker Rechnung getragen als in der Ära Ulbricht, und es war dieser Zeitabschnitt, der die Sozialismusvorstellungen von Peter Hacks entscheidend prägte.

Allerdings unterscheidet sich die Beziehung zwischen Produktivkräften und Produktionsverhältnissen von der zwischen Leistung und Demokratie insofern, als in der marxistischen Theorie die Produktionsverhältnisse als formaler Ausdruck des erreichten Niveaus der Produktivkräfte verstanden werden und der Widerspruch sich erst dort erzeugt, wo die Produktionsverhältnisse und der Stand der Produktivkräfte sich nicht mehr entsprechen (vgl. MEW 13, 8f.). Während in diesem Verhältnis zwei Bestimmungen als Momente *eines und desselben* Bewegungskomplexes vorliegen, ist das Verhältnis von Leistung und Demokratie das zweier *unterschiedlicher* prozessualer Komplexe als miteinander in Beziehung tretende Totalitäten, denn Leistung und Demokratie sind zwei naturgemäß verschiedene Prinzipien, die aufgrund ihrer gegenläufigen Tendenz miteinander nicht erst in Widerspruch geraten, sondern dort, wo sie zugleich auftreten, stets im Widerspruch stehen. Aber nicht nur die Konfiguration beider Widersprüche unterscheidet sie voneinander, auch ihre Elemente sind nicht ganz deckungsgleich. Der Begriff der Leistung scheint im Bereich der Produktivkräfte ganz aufzugehen, der Begriff der Demokratie im Bereich der Produktionsverhältnisse jedoch nicht. Zwar betrifft die Verwirklichung des demokratischen Anspruchs zwangsläufig auch die Struktur der Produktionsverhältnisse, aber Hacks gebraucht in diesem Zusammenhang den Begriff der Gesittung, der auf etwas anderes hinauswill. Die Beziehung von Produktionsverhältnissen und Produktivkraftentwicklung erscheint als eine rein objektive; in ihr ist das sachliche Verhältnis von Form und Inhalt der wirtschaftlichen Erzeugung ausgedrückt. Im Verhältnis von Gesittung und Produktivität kommt eine subjektive Quelle ins Spiel: das menschliche Bedürfnis. Der sittliche Anspruch ist derjenige, der danach fragt, wie menschlich eine Gesellschaft ist, inwieweit Gleichheit, Freiheit oder Gerechtigkeit in ihr verwirklicht sind. Die Form des menschlichen Zusammenlebens wird damit nicht allein in Beziehung auf ihre wirtschaftliche Leistungsfähigkeit betrachtet, sondern als Selbstzweck, in dem die Menschen ihre Hoffnungen und Bedürfnisse, ihre Vorstellungen von Gemeinschaft und Einzelheit verwirklicht oder eben nicht verwirklicht sehen. Leistung und Demokratie bilden somit den Widerspruch zwischen einem Sachzwang und einem Ideal; und beide müssen also notwendig am Sozialismus sein. Die Demokratie, weil sie Ziel der sozialistischen Bewegung ist, und die Leistung, weil ohne sie dieses Ziel nicht erreicht werden kann. Auf die Art widerspricht das Ideal ebenso sehr dem Sachzwang, wie seine Verwirklichung ohne diesen nicht gegeben sein könnte.

Wendet man den Blick von der bloßen Theorie auf die praktischen Konzeptionen, die in den verschiedenen zeitlichen und örtlichen Ausprägungen des Sozialismus zur Anwendung gekommen sind, tritt die Tragweite unseres Themas noch deutlicher hervor. Der Widerspruch zwischen einem sittlichen Anspruch (Demokratie, Gleichheit) und der Notwendigkeit wirtschaftlicher Produktivität (und damit von Leistungsträgern) ist in der Geschichte des Sozialismus als eine Streitfrage bekannt, die von Beginn an präsent war und die sich an allen Orten und Zeiten dieser Formation neu stellte: *Gilt das Primat der Politik oder das Primat der Wirtschaft?* Bereits Lenin war mit dieser Frage befaßt und beantwortete sie 1921 mit scheinbarer Entschiedenheit: »Die Politik hat notwendigerweise das Primat gegenüber der Ökonomik« (LW 32, 73). Allerdings ist er in der Sache nicht so entschieden, wie die Stelle vorgibt; zwei Jahre zuvor hatte derselbe Lenin noch die gegenteilige These vertreten: »Die Arbeitsproduktivität ist in letzter Instanz das allerwichtigste, das ausschlaggebende für den Sieg der

Der Dichter und seine Zeit

neuen Gesellschaftsordnung« (LW 29, 416). Es wird also deutlich, daß Lenin beides – politische Zielsetzung und ökonomische Notwendigkeit – kannte und anerkannte, daß er, indem er beiden Prinzipien das Primat zusprach, es keinem von beiden gegenüber dem anderen zugestand. Aber die Form, in der dies Zugeständnis bei ihm erfolgt, ist weit von dem entfernt, was man einen Ruf nach Vermittlung beider Prinzipien nennen könnte. Eine Vermittlung ist nur möglich, wo ein Unterschied anerkannt wird. »Die Politik ist der konzentrierte Ausdruck der Ökonomik« (LW 32, 73), sagt Lenin und weicht damit dem Widerspruch zwischen Politik und Ökonomie aus. Es gibt bessere Weisen, einen Widerspruch zu überwinden, als die Erklärung, er existiere nicht. Zudem sehen wir auch hierin die Neigung des Marxismus, das Subjektive – das Hacks mit dem Begriff der Gesittung bewußt im Spiel hält – aus dem Vorgang der Politik herauszustreichen. Im Sprachgebrauch des Marxismus tritt die Kennzeichnung *wissenschaftlich* oftmals an die Stelle von *politisch*, was dadurch ermöglicht wird, daß die politischen Vorhaben der Arbeitbewegung in der marxistischen Theorie als Ergebnis weltgeschichtlicher Notwendigkeiten gedacht werden, das subjektiv Bedingte als objektiv bedingt dargestellt wird, wodurch es freilich kein Stück objektiver wird, aber im Kampf um die Köpfe wohl besser zu vermitteln ist. Lenins Formel erweckt den Anschein, als komme die Politik aus ökonomischen, also sachlich-objektiven Notwendigkeiten, und umgeht damit das Eingeständnis, daß jede Politik menschliche Interessen vertritt und ihre Hauptquelle in menschlichen Bedürfnissen hat. Diese menschlichen Bedürfnisse – so unterschiedlich und einander widersprechend sie im einzelnen sein mögen – sind nicht einfach Erzeugnis ökonomischer Entwicklungen und Notwendigkeiten, sondern, ganz im Gegenteil, Forderungen, mit denen der Mensch an die Ökonomie herantritt.[47]

Was bei Lenin eins sein soll, teilt sich bei den Funktionären der KP Chinas in zwei: Im Laufe der fünfziger Jahre bildeten sich dort zwei Linien heraus, als deren Hauptvertreter Mao Zedong und Liu Shaoqi sich gegeneinander ins Profil setzten. Mao vertrat den Vorrang der Politik, was sich praktisch darin äußerte, daß mittels Massenerziehung zunächst das neue – selbstlos ganz im Kollektiven aufgehende – Bewußtsein geschaffen werden sollte, mit dem dann die wirtschaftliche Aufbauarbeit und die Transformation in den Kommunismus zu bewältigen war. Dieser Ansatz führte zur Politik der Drei Roten Banner und zum Desaster des Großen Sprungs nach vorn. Liu vertrat dagegen den Vorrang der Wirtschaft, was konkret eine stärkerer Orientierung an den sachlichen Gegebenheiten, der Leistungsfähigkeit der Menschen und dem Stand der Produktivkräfte bedeutete. Obgleich er entscheidend dazu beitrug, die Schäden von Maos Großen Sprung zu korrigieren, konnte sich seine Linie nicht durchsetzen, da Mao vermöge seiner Autorität das Land in einen »Kulturrevolution« genannten Bürgerkrieg stürzte, dem die Mehrheit der Liu-Fraktion und auch Liu selbst zum Opfer fiel. Maos Konzept ist innerhalb des Ensembles der Sozialismen die Verkörperung des reinen, absolut demokratischen Prinzips, das keine Differenzierung, keinen Kompromiß mit dem Leistungsprinzip duldet, sondern alle gesellschaftlichen Probleme mittels einer rigorosen Gleichmacherei lösen zu können glaubt. Für die reinen Egalitaristen wie Mao oder Enver Hoxha war die Leistungsstimulation kein Denkproblem; ihr theoretischer Beitrag zu dieser Frage erschöpft sich in Losungen: mehr Flugblätter, mehr Wandzeitungen, mehr Agitation. Elemente wie die Zerschlagung der Familienstruktur mittels der Volkskommunen oder die sprichwörtliche Intellektuellenfeindlichkeit des Maoismus sind keine Makel, die dieser Richtung anhaften, sondern der folgerichtige Ausdruck ihres kompromißlosen Wesens, das die Gleichheit absolut durchsetzen will und auf die Art alle anderen menschlichen Bedürfnisse erdrückt.

Auch in der DDR blieb der Widerspruch präsent. Am 14. Dezember 1962, während intern längst an der Konzeption des Neuen Ökonomischen Systems gearbeitet wurde, stellte Walter Ulbricht in einer Rede auf der Bezirksdelegiertenkonferenz von Leipzig fest: »Die These vom Vorrang der Politik hat zeitweise auch bei uns dazu geführt, daß die politischen Zielstellungen und

Der Dichter und seine Zeit

bestimmte Wünsche bei der Festlegung der ökonomischen Aufgaben vorherrschten, daß die Pläne nicht immer ausreichend technisch und ökonomisch begründet waren, daß sie nicht immer den materiellen Möglichkeiten entsprachen. [...] Aber in der Tat haben jetzt ökonomische Aufgaben den Vorrang.«[48] Berücksichtigt werden muß sowohl bei Ulbricht als auch bei Liu, daß beider Forderung nach dem Vorrang der Ökonomie zu einer Zeit entwickelt wurde, da ihre Gegenwart von schweren wirtschaftlichen Mißerfolgen gekennzeichnet war. Im Falle Lius waren das die wirtschaftspolitischen Fehler des Maoismus, die Millionen Menschen das Leben kosteten, im Falle Ulbrichts war es die Wirtschaftskrise von 1960 bis 1962, die zwar keine Menschenleben kostete, aber in der Bevölkerung den Glauben in das Leistungsvermögen der Planwirtschaft erschüttert hatte. So betont Ulbricht, daß »jetzt« die Ökonomie den Vorrang habe, womit der einseitigen Politik der vormaligen Jahre ein Gegengewicht geschaffen wurde. Mit dem XI. ZK-Plenum (1965) und zwei Jahre später dem VII. Parteitag (1967) und der Modifikation des ökonomischen Systems (1968) kommt bereits wieder die gegenläufige Tendenz zum Ausdruck, so daß sich die Politik der sechziger Jahre in der DDR als ein Oszillieren um eine Mitte innerhalb des Spannungsfeldes zweier Bedürfniskomplexe – des politischen und des ökonomischen – beschreiben läßt, und was Hacks, wie wir sahen, die Staatskunst Ulbrichts nannte, war der befugte Versuch, diese Mitte herzustellen und zu halten.

Im Ensemble der Sozialismen lassen sich mindestens drei Arten der Abweichung von dieser Mitte feststellen. Die erste Abweichung zeigt sich in der Politik der RGW-Staaten, unter die 1971 auch die DDR fiel und deren Kennzeichen eine strukturelle Vernachlässigung der Produktivkraftentwicklung zugunsten einer gesteigerten Konsumtion war, was in der DDR auf dem VIII. Parteitag der SED als »Einheit von Wirtschafts- und Sozialpolitik« deklariert wurde. Die zweite Abweichung erkennen wir in der bereits beschriebenen egalitären Richtung, die in China bis 1978 sowie in Albanien bis 1985 wirksam war und deren Kennzeichen neben einer mangelhaften

Produktivkraftentwicklung auch eine mangelhafte Entwicklung der Konsumtion ist. Die dritte Abweichung findet sich sodann im Prager Modell von 1968 und den Reformen Deng Xiaopings von 1978, beginnend bei den Sonderwirtschaftszonen bis zum heutigen Wirtschaftsmodell Chinas, das seit 1992 umgesetzt wird. Das Kennzeichen dieser Abweichung ist, daß einer gesteigerten Produktivität zuliebe der Ökonomie ein bleibender Vorrang eingeräumt wird, der über kurz oder lang in quasi-kapitalistische Zustände führt, deren Charakter weiter oben bereits umrissen wurde: »Beseitigung der zentralen Planung, damit blind wirkendes Wertgesetz und freie Konkurrenz, Krisenzyklus, Preistreiberei, rücksichtslose Rationalisierung, soziale Ungerechtigkeit, alleinige Orientierung auf den Gewinn, Reduktion der Bedarfsorientierung der Produktion auf die zahlungsfähige Nachfrage.«

Es kommt hier weniger darauf an, wie genau und begrifflich zureichend Peter Hacks diese historischen und theoretischen Vorgänge reflektiert hat; viele der beschriebenen Elemente finden sich bei ihm theoretisch formuliert oder poetisch verkleidet wieder. Freilich fehlt eine systematische und umfassende Darlegung, die zu schreiben für einen Dichter wohl auch kaum ratsam gewesen wäre. Wichtig ist, daß das, was Hacks in den theoretischen Schriften formuliert und im poetischen Werk gestaltet hat, selbst auf die historischen Verhältnisse weist. Der Dichter ist ein Spiegel seiner Zeit, und er verarbeitet die Fragen seiner Epoche auf seine Weise. Wie weit schließlich diese Fragen das Denken von Hacks durchlaufen haben, läßt sich daran erkennen, wie sehr die *Entwicklung* seines Denkens auf den Wandel der Verhältnisse reagiert hat, daran also, daß Hacks nicht mit einem fest gefaßten Modell an seine Zeit herantrat, sondern sein Modell die Bewegungen der Zeit mitvollzog und von der Veränderung der gesellschaftlichen Lage nicht unbetroffen blieb. Es lassen sich drei Phasen unterscheiden, in denen Hacks den Widerspruch von Leistung und Demokratie, Ökonomie und Politik, Spezialisten und Parteiapparat auf eigentümliche Weise modelliert: eine optimistische, eine klassische und eine der Krise. Die Phasen sind nicht streng zu

Der Dichter und seine Zeit

scheiden, sie gehen ineinander über und sind eher Seiten derselben Sache, die Hacks im Laufe der Zeit, je nach Lage, stärker oder weniger stark betont.

Der Beginn wird markiert durch »Die Sorgen und die Macht«. 1958 hatte Hacks in Bitterfeld die Abläufe der Industrieproduktion vor Ort studiert, und an der Weise, wie er diese Abläufe in den »Sorgen« widerspiegelt, läßt sich erkennen, daß es ihm offenbar nicht darum zu tun war, ein bereits gefaßtes Muster anhand dieses Stoffes zu veranschaulichen, sondern daß er die Konfiguration des Stücks tatsächlich auf induktive Weise gewonnen, sie aus dem Stoff selbst herausgeholt ist. In den »Sorgen« steht das Gegeneinander des Parteisekretär Paul Kunze und des Fachmanns Julius Papmeier für die Spannung zweier Haltungen (vgl. HW III, 24–30). Zunächst treten Kunze und Papmeier separat auf und werden von den Arbeitern gegeneinander ausgespielt. Papmeier hält Kunze für einen Polterer, und Kunze sagt mit Blick auf Papmeier: »Niemand ist so einfältig wie Ingenieure, sehen überall Räder« (HW III, 11). Schließlich üben sie den Schulterschluß, denn beide verfolgen dasselbe Interesse, daß nämlich die Qualität der Briketts steige. Doch Papmeier als Fachmann neigt stärker dazu, die Arbeiter durch die Umstände (mangelhafte Produktionsmittel) zu entschuldigen; Kunze hingegen sucht den Fehler primär in der Einstellung der Arbeiter. Der Zuschauer weiß, daß es an beiden liegt. Der Dichter demonstriert damit, daß auch dann, wenn Spezialist und Apparatmensch identische Absichten haben, ein Widerspruch bleibt, weil ihre Herangehensweise an die Probleme eine andere ist. Der Apparatmensch Kunze betrachtet die Dinge politisch und versucht an der Einstellung der Leute zu drehen, Druck auszuüben etc. Der Fachmann Papmeier nähert sich den Problemen ökonomisch, spricht zuerst vom Entwicklungsstand der Produktivkräfte, der Qualität der Maschinen usf. Das Stück ist entstanden zwischen 1959 und 1962, und man kann hierin gut eine Reflexion des damals ziemlich aktuellen und ruchbaren Kampfs zweier Linien in der Politik Chinas wiedererkennen, der ja gegen Ende der fünfziger Jahre an Schärfe gewann. In beiden Linien steckt eine eigene Logik; beide haben für sich

Geltung und gelten doch nicht ohne die andere. Notwendig im Sozialismus ist einmal, die Leute zu motivieren, der politische Druck, die Antizipation der Arbeitsweise von morgen durch besondere Anstrengung; zum anderen bedarf es der materiellen Voraussetzungen, ohne die auch eine neue Arbeitsweise nicht funktionieren kann. Der Dichter, läßt sich zusammenfassen, besteht durchaus auf beides: Wille und Tatsache. Aber dieser Gegensatz wird allein auf die Methoden bezogen; Kunze und Papmeier – übrigens beide Mitglieder der Partei – wollen dasselbe, sie wollen es nur auf unterschiedlichem Weg.

Wir sehen in den »Sorgen« bereits das Problem der unterschiedlichen Herangehensweisen, der politischen und der ökonomischen, aber wir sehen es noch nicht als ein Modell gesellschaftlicher Gruppen gestaltet, die nicht nur für unterschiedliche Lebens- und Arbeitsweisen stehen, sondern deren Ziele selbst – als Teilziele des Ganzen – sich widersprechen. Folglich fehlt in diesem Stück dann auch die vermittelnde Ebene, auf der der Widerspruch fruchtbar gemacht wird; die Beteiligten machen ihn selbst fruchtbar, überwinden ihre Borniertheit und schließen sich gegen ihre wirklichen Gegner zusammen. Das Stück atmet diesen optimistischen Geist, jenen Glauben an die Lösbarkeit des Konflikts durch den Konflikt selbst, wodurch ein Ruf nach einem sozialistischen Absolutismus noch nicht intendiert scheint und folglich dieses Element im Stück auch nicht gestaltet ist.

Im Ende 1961 entstandenen[49] »Ekbal« haben wir allerdings genau dieses Modell schon vollständig abgebildet (vgl. HW IX, 63f.). Parteiapparat und Wirtschaftsleute, hier verkleidet als Lanzenreiter und Kupferschmiede, sind bereits strikt getrennt und als einander feindliche gesellschaftliche Gruppen, als Klassen gefaßt. Aus gleichstrebenden Produzenten wird ein struktureller Widerspruch. Partei- und Wirtschaftsleute sind nicht nur, wie in den »Sorgen«, durch ihrer Herangehensweise an den Produktionsprozeß verschieden, sie erfüllen unterschiedliche Funktionen, stehen für andere Ziele: »Beide Zünfte sind für den babylonischen Staat durchaus unentbehrlich. Die Lanzenreiter verteidigen ihn gegen die menschenfressenden Kilikier im Westen; die Kupferschmiede machen ihn schön und bewohnenswert« (HW IX, 63). Die Wirtschaftsleute sorgen für den Reichtum, die Parteileute für die politische Ordnung, und das können sie nur tun, wenn sie ihre Zwecke so vertreten, als seien diese Teilzwecke bereits der Gesamtzweck der Gesellschaft; die Art, wie sie leben, denken und arbeiten, entspricht ihrer Funktion im Staat, dessen Aufgabe es ist, beide Funktionen im Gleichgewicht zu halten und keine überhand nehmen zu lassen. Es gibt Stücke, in denen dieses Verhältnis ähnlich abgebildet wurde, so etwa – allerdings ohne die Königsebene – in »Polly« oder, wie wir sahen, im »Numa«. In ihrer Vollständigkeit finden wir die Trinität aus Wirtschaft, Partei und Staat allerdings nur in einem Drama abgebildet: im »Prexaspes«, wo Geldhändler, Magier und Königtum für diese drei Gruppen stehen. So stehen »Ekbal« und »Prexaspes« als Ecksteine der klassischen Phase, worin das gesellschaftliche Modell des Sozialismus, wie es Hacks gedacht hat, voll ausgeformt ist und zur Erklärung der geschichtlichen Bewegung eingesetzt wird. Klassisch ist diese Phase deswegen, weil der Sozialismus innerhalb der sechziger und am Beginn der siebziger Jahre bei Hacks noch als funktionierende Ordnung gefaßt wird. Mit Beginn des Niedergangs und vollends nach dem Untergang des Sozialismus gerät dieses Modell zunehmend in den Kontext der Analyse dieser Niederlage.

Ausdruck der Krise sind zunächst »Die Binsen«, in denen allerdings die Partei selbst nicht auftritt, dafür die ihr zugrunde liegende Funktion: die sittliche Bestimmung der Demokratie. Die sonst vom Autor angestrebte Mitte geht ihm hier verloren; die gesellschaftliche Schieflage führt zu einer übermäßigen Parteinahme gegen den demokratischen Anspruch. Die Polemik gegen die Trägheit des Apparats und die allgegenwärtige »Einheit von Wirtschafts- und Sozialpolitik« wird nur mühevoll durch den Griff des Dichters verdeckt, das Problem an einem Stoff darzustellen, in dem kein Vertreter der Partei seinen Platz hat. Mit der zunehmenden Krise des Sozialismus reflektiert Hacks auch zunehmend die Gefahr, die von beiden Ständen, Parteiapparat und

Spezialisten, ausgeht. So wie beide Gruppen ihre besonderen Tugenden haben, so haben sie auch ihre besonderen Gefahren. Die Tugend der Partei ist der demokratische Anspruch; ihre Gefahr ist die Faulheit. Die Tugend der Spezialisten ist die Leistung; ihre Gefahr heißt Revisionismus. Unter Revisionismus versteht Hacks genauer: Rechtsabweichung, Liberalisierung, Autonomie der einzelnen Wirtschaftsleiter.[50] Faßt man die Spätphase der DDR ins Auge, kann man indes kaum übersehen, daß der Untergang des Sozialismus viel weniger durch irgendeinen Revisionismus, sondern recht eigentlich durch den ökonomischen Zustand des Landes, durch strukturellen Mangel und Faulheit, durch den Rückgang der Produktivität befördert wurde. Wirtschaftlich gesehen bestand eine wirkliche Gefahr der Rechtsabweichung im Laufe der DDR-Geschichte nur in der zweiten Hälfte der sechziger Jahre, gegen die die Modifikation des ökonomischen Systems und verstärkte ideologische Offensiven in Anschlag gebracht wurden, wodurch der Möglichkeit eines »tschechischen Wegs« ein Riegel vorgeschoben wurde. Die siebziger und achtziger Jahre dagegen, in denen sich der schleichende Niedergang der DDR vollzog, waren durchgängig von einer Vernachlässigung des Leistungsprinzips und damit vom Sinken der Produktivität gekennzeichnet. So wird auch verständlich, daß Peter Hacks, der beide Gefahren kannte, die Ursachen des Untergangs vor allem in der Abweichung nach links, in der strukturellen Gammelei und der um sich greifenden Anspruchslosigkeit begründet sah.[51]

Insofern der Widerspruch von Leistung und Demokratie dem Verhältnis von Spezialisten und Parteifunktionären zugrunde liegt, insofern darin die Ideale Reichtum und Gleichheit ausgedrückt sind und der Streit zwischen beiden nichts anderes bedeutet als der Streit zwischen Wirtschaft und Politik, läßt sich sagen, daß Peter Hacks damit das Lebensproblem des Sozialismus formuliert hat. Natürlich hat der Sozialismus als historische Erscheinung sehr viel mehr Seiten, sehr viel mehr Widersprüche sowie geographische und periodische Ausprägungen, und es soll hier nicht behauptet werden, daß mit den Hacksschen Bestimmungen die Gesellschaftsformation des Sozialismus, wie sie von St. Petersburg 1917 bis Peking 2010 in Erscheinung getreten ist und in Erscheinung zu treten fortfährt, vollständig oder auch nur hinreichend bestimmt sei, aber der Widerspruch von Leistung und Demokratie wird mit den Bewegungen, die er und seine Ausprägungen und Derivate hervorbringen, zur Hauptschlagader jener gesellschaftlichen Entwicklung, die als Transformation eines vom Kapital regierten Zeitalters in ein kommunistisches gedacht ist, in dem die Reproduzierbarkeit aller reproduzierbaren Güter soweit gewährleistet ist, daß ihre Verteilung keine Frage von Recht oder Unrecht mehr ist. Bei all dem wundert es kaum mehr, daß Peter Hacks, als er es das eine Mal wagte, eine Art Definition der sozialistischen Gesellschaft auszusprechen, eine Formel vorlegte, deren Konstruktion uns nun eigenartig vertraut scheint:

Sozialismus, das ist die Vergesellschaftung der Erzeugung bei zwei Bedingungen: Staatsmacht und Produktivität.
(AEV, 26)

Die Frage der Trefflichkeit beiseite gelassen,[52] interessiert diese Formel vor allem insofern, als in ihr die Funktionen, die dem Hacksschen Klassenmodell zugrunde liegen, zum Ausdruck gebracht sind. Die Vergesellschaftung steht, wie wir sahen, für das demokratische Prinzip, das sich bekanntlich bei Hacks im Parteiapparat vergegenständlicht. Die Produktivität hängt, wie wir sahen, mit dem Leistungsprinzip zusammen, das sich bekanntlich bei Hacks im Stand der Spezialisten vergegenständlicht. Die Staatsmacht steht für die Möglichkeit der Vermittlung dieser beiden Funktionen. Bemerkenswert allerdings ist die Reihenfolge, in der Hacks die drei definitorischen Momente aufführt. Die Vergesellschaftung, das Sittliche, ist als eigentlicher Zweck der gesamten Unternehmung das zuerst genannte Element. Produktivität und Staatsmacht sind die Bedingungen, unter denen sich die Vergesellschaftung verwirklichen kann. Die Produktivität, weil sie einesteils den Überfluß herstellen muß, anderseits die

Der Dichter und seine Zeit

Überlebensfähigkeit des Sozialismus im Kampf der Systeme garantieren soll, die Staatsmacht, weil sie das politische Überleben im Systemkampf zur Aufgabe hat und weil sie sich aus dem Widerspruch von Vergesellschaftung und Produktivität, von Demokratie und Leistung ergibt. Der Staat, der aus diesem Widerspruch entsteht, macht sich im günstigsten Fall vom Einfluß beider Seiten los und hält den Widerspruch von Leistung und Demokratie im Gleichgewicht. Der Leistungsträger ist eine Notwendigkeit und bleibt doch eine dauernde Gefahr, ein »öffentliches Unglück«. Aber dieses Unglück kann nicht auf gesellschaftliche Weise eingedämmt werden; nicht das demokratische Gegenwicht ist es, das die Leistung als gesellschaftliche Erscheinung auf ihr verträgliches Maß bringt; hierzu müßte es einen höheren Standpunkt einnehmen können. Die Staatsmacht entwächst der Partei und emanzipiert sich durch die Bildung eines relativ eigenständigen Apparats von ihrem Einfluß und ihren Perspektiven. Peter Hacks beschreibt die gesellschaftliche Lage seiner Zeit als »eine, mit deren Bewältigung keine Richtung allein fertig wird« (HW XIII, 131). Die Haltungen und Perspektiven, der geistige Horizont einer jeden Richtung ist partikularer Natur. Eine Richtung erfüllt eine notwendige Funktion, oder tritt zumindest als Sachwalter eines bestimmten Bedürfnisses auf, aber indem sie das tut, wird sie von diesem besonderen Standpunkt borniert und bildet ein spezifisches Bewußtsein und schließlich auch Sonderinteressen aus. Genau deswegen ist keine Richtung der Totalität fähig und somit auch nicht geeignet, das Ganze zu vertreten. Dieser Zusammenhang scheint allgemeingültig; die Frage ist nur, ob die jeweilige Gesellschaft verhindern kann, daß ein Sonderinteresse sich zum alles beherrschenden Prinzip aufschwingt und so andere, ebenso wichtige Prinzipien unterdrückt, oder ob sie dagegen wehrlos ist. Das Mittel gegen die Anmaßung einzelner Richtungen, gesellschaftlicher Gruppen oder Klassen, kann nur der Staat sein; nicht seine bloße Existenz, aber sein sinnvoller Gebrauch zu diesem Zwecke. Und so beschließe ich diese Studie in dem Bewußtsein, vielleicht ein wenig mehr, aber doch nichts wesentlich anderes

Der Dichter und seine Zeit

herausgearbeitet zu haben als das, was Peter Hacks in der ersten Strophe des »Scipio« seinen aufmerksamen Lesern in die Hirnwindungen webt:

> *Ach! die Republik, der Staat der Meisten,*
> *Ist, bei aller Tugend, hochgebrechlich.*
> *Dauernd kommen welche, die was leisten*
> *Und daraus ein Vorrecht ziehn. Tatsächlich*
> *Ist die Furcht, daß Könige entständen,*
> *Nur in Monarchien abzuwenden.*
>
> (HW I, 141)

ANHANG

Anmerkungen

[1] Felix Bartels: »Miteinandersichabfinden«. Zur strukturellen Ähnlichkeit von Absolutismus und Sozialismus bei Peter Hacks, in: *junge Welt* 21./22. Juni 2008, S. 11 (Ndr.: Vorsicht, Hacks!. Der Dichter in der »jungen Welt«, hrsg. v. Stefan Huth, Berlin 2010, S. 140–149, hier: 148).
[2] »Als Klassen bezeichnet man große Menschengruppen, die sich voneinander unterscheiden nach ihrem Platz in einem geschichtlich bestimmten System der gesellschaftlichen Produktion, nach ihrem (größtenteils in Gesetzen fixierten und formulierten) Verhältnis zu den Produktionsmitteln, nach ihrer Rolle in der gesellschaftlichen Organisation der Arbeit und folglich nach der Art der Erlangung und der Größe des Anteils am gesellschaftlichen Reichtum, über den sie verfügen. Klassen sind Gruppen von Menschen, von denen die eine sich die Arbeit einer andern aneignen kann infolge der Verschiedenheit ihres Platzes in einem bestimmten System der gesellschaftlichen Wirtschaft« (LW 29, 410f.). – Marx und Engels legen keine Definition des Klassenbegriffs vor, aber aus der Art, in der sie (v.a. Engels) mit dem Begriff operieren, lassen sich Verallgemeinerungen ableiten, die auf vieles weisen, was Lenin später definiert hat (vgl. u.a. MEW 19, 102f. u. 224f.; 20, 137f., 168f. u. 248; 21, 169).
[3] Für eine ausführlichere Darlegung dieses Zusammenhangs siehe: »Miteinandersichabfinden« a.a.O., sowie: Ders.: Der ennuyierte Odysseus. Zur Deutung der »Gräfin Pappel«, in: *Argos* 3 (2008), S. 72f.
[4] Zum 60. Geburtstag von Peter Hacks, in: *Mitteilungen. Akademie der Künste der Deutschen Demokratischen Republik* 4/1988, S. 13.
[5] In der DDR war privatwirtschaftliches Unternehmertum unter starken Restriktionen (v.a. die Möglichkeit des Wachstums betreffend) in bestimmten Bereichen zugelassen; Kleinproduktion und Kleinkapitalismus waren Randerscheinungen, verschwanden aber, anders als z.B. in der Sowjetunion, nie ganz aus dem gesellschaftlichen Produktionsprozeß.
[6] DLA Marbach, Nachlaß Peter Hacks, Die deutsche Romantik und ihre Stellung zur Klassik (Seminararbeit an der Universität München, unveröffentlicht), S. 36.
[7] Peter Hacks: Musterknaben, in: *Oberdorfer Jugend-Echo*, 1 (1948), Nr. 1 (1. März); Ndr. in: *Argos* 6 (2010), S. 188 (dort: »ruh'n« statt »ruhn«).
[8] Peter Hacks: Über den Stil in Thomas Manns »Lotte in Weimar«, in: *Sinn und Form* 1965, Sonderheft Thomas Mann, S. 247.
[9] ebd., S. 251.
[10] ebd., S. 252.

Anhang

[11] ebd., S. 252.
[12] ebd., S. 247.
[13] Peter Hacks: Einige Gemeinplätze über das Stückschreiben, in: *Neue deutsche Literatur* 9/1956, S. 119f.
[14] Peter Hacks: Das realistische Theaterstück, in: *Neue deutsche Literatur* 10/1957, S. 103.
[15] Mit dieser Auffassung steht Hacks in einer eng geknüpften Traditionslinie zwischen dem deutschen Idealismus und dem Marxismus. Friedrich Engels hatte sich gegen Eugen Dühring auf den Freiheitsbegriff Hegels berufen: »Für [Hegel] ist Freiheit die Einsicht in die Notwendigkeit« (MEW 20, 106), womit ein bestimmter Gebrauch des Begriffs der Freiheit bezeichnet ist, der die Freiheit weniger als Gelöstheit des Individuums von äußerlichen Zwängen faßt, als sie vielmehr in den Möglichkeiten des Individuums realisierbar sieht. Hacks besitzt exakt diesen Begriff, wenn er 1963 schreibt: »Freiheit ist das Vermögen zu können, was man will« (HW XIII, 57). Bereits 1946 hatte er, als achtzehnjähriger Student, zwischen dem Freiheitsbegriff der Romantik und dem der Klassik dieselbe Unterscheidung getroffen: »Die Freiheit des Romantikers war eine unbedingte Freiheit, es war keine Freiheit zu, sondern von etwas« (Die deutsche Romantik und ihre Stellung zur Klassik, a.a.O.), die klassische Linie allerdings damals noch von Kant abgeleitet. So richtig nun ist, hinsichtlich der Kantschen Handlungsethik anzuerkennen, daß sie die Forderung nach Gesetzmäßigkeit des Handelns aufstellt, so sehr bleibt doch bei Kant die subjektive Bedingtheit dieses Handlungsgesetzes bestehen. Gerade darüber geht Hegel hinaus, wenn er die Freiheit als Bei-sich-sein-im-Anderen faßt, denn in dieser Beziehung ist ein Verhältnis von Subjekt und Objekt ausgedrückt, womit das Gesetz des Handelns sich also nicht allein aus dem zur Regel gewordenen Willen, sondern auch aus den objektiven Bedingungen seiner Realisierung ergibt. Allerdings legt Engels mit seiner Paraphrase des Hegelschen Begriffs wiederum auf die Objekt-Seite ein zu starkes Gewicht, indem die Freiheit des Individuums allein als Unterordnung des freien Willens unter die Wirklichkeit erscheint. Hegel läßt nicht nur dem Subjekt mehr Raum und die Möglichkeit, das Eigene durchzusetzen, sondern ist auch ein ganzes Stück praktischer, wenn er schreibt: »Die Freiheit des Geistes ist aber nicht bloß eine außerhalb des Anderen, sondern eine im Anderen errungene Unabhängigkeit vom Anderen, – kommt nicht durch die Flucht vor dem Anderen, sondern durch dessen Überwindung zur Wirklichkeit« (GHW 10, 26).
[16] Der Resignationsbegriff wird bei Goethe, wie auch das Motiv der Entsagung, zum Schlüssel für den Übergang vom Sturm und Drang zur Klassik. Die Einsicht, daß die Welt sich nicht nach Belieben einrichten läßt und daß zur Durchsetzung der menschlichen Belange die Welt und ihre Gesetzmäßigkeiten erkannt werden müssen, ist ebenso sehr Voraussetzung der klassischen Haltung, wie sie Vorläufer des Freiheitsbegriffs von Hegel ist.

Anmerkungen

Das Entsagungsmotiv gestaltet sich in der Goetheschen Dichtung tragisch, aber auch hier kennt Goethe den Unterschied zwischen bloßem Verzicht (»Wahlverwandtschaften«) und schöpferischer Entsagung (»Faust II«). Die folgenden Referenzstellen mögen die Verwandtheit der Haltung Goethes mit der in Anm. 15 behandelten Traditionslinie zwischen deutschem Idealismus, Marxismus und Peter Hacks verdeutlichen: aus »Wilhelm Meisters Wanderjahre«: »Wenn ich mich beim Urphänomen zuletzt beruhige, so ist es doch auch nur Resignation; aber es bleibt ein großer Unterschied, ob ich mich an den Grenzen der Menschheit resigniere oder innerhalb einer hypothetischen Beschränktheit meines bornierten Individuums.« (BA 18, 567) – an Schiller (25. 3. 1801): »Beim Nachdenken über's Beharrende im Menschen, worauf sich die Phänomene der Cultur beziehen ließen, habe ich bis jetzt nur vier Grundzustände gefunden: des Genießens / des Strebens / der Resignation / der Gewohnheit. Überhaupt geht es bey einer solchen Betrachtung sonderbar, daß nämlich die Differenzen unter den Fällen verschwinden, doch eine gewisse Einheit ist ja was man bezwecken will.« (WA IV-15, 203) – an Heinrich Carl Abraham Eichstädt (31. 10. 1807): »[...] und was Resignation betrifft, wer muß sich nicht resigniren?« (WA IV-19, 442f.) – an Johann Jacob von Willemer (11. 6. 1817): »Soll das nun alles aufgegeben werden, so gehört dazu freylich eine Resignation, die man so spät ausspricht als möglich.« (WA IV-28, 182) – im Gespräch mit Sulpiz Boisserée (4. 5. 1811): »[...] zur Resignation gehört Charakter.« (WA V-3, 9) – an Sulpiz Boisserée (25. 9. 1827): »[...] daß ein Individuum sich resigniren müsse, wenn es zu etwas kommen soll« (WA IV-43, 77).

[17] Der Genie-Begriff des Sturm und Drang geht im wesentlichen zurück auf die Shakespeare-Schriften des jungen Goethe (»Zum Schäkespears Tag«, 1771) und Johann Gottfried Herders (»Shakespeare«, 1773), in denen der englische Dramatiker als ein Originalgenie gefeiert und sein Beispiel der Gesellschaft entgegengesetzt wird. An diesen Begriff knüpft Johann Kaspar Lavater (»Physiognomische Fragmente zur Beförderung der Menschenkenntnis und Menschenliebe«, 1775–1778) mit allgemeinen Betrachtungen zum Genie an, was zur Verdeutlichung dieses Begriffs in der Sturm-Drang-Bewegung hier zitiert sei: »Genie ist Genius. [...] Wer bemerkt, wahrnimmt, [etc.] als wenn es ihm ein Genius, ein unsichtbares Wesen höherer Art dictirt oder angegeben hätte, der hat Genie; als wenn er selbst ein Wesen höherer Art wäre, ist Genie. [...] Wo Wirkung, Kraft, That, Gedanke, Empfindung ist, die von Menschen nicht gelernt und nicht gelehrt werden kann, da ist Genie. [...] Der Charakter des Genies und aller Werke und Wirkungen des Genies ist, meines Erachtens, Apparition ... Wie Engelserscheinung nicht kommt, sondern da steht, nicht weggeht, sondern weg ist [...] das Ungelernte, Unentlehnte, Unlernbare, Unentlehnbare, innig-Eigenthümliche, Unnachahmliche, Göttliche ist Genie, das Inspirationsmäßige ist Genie, heißt bei allen Nationen, zu allen Zeiten Genie, und wird es heißen, so

Anhang

lange Menschen denken und empfinden und reden. Genie blitzt, Genie schafft, veranstaltet nicht, schafft! so wie es selbst [nicht] veranstaltet werden kann, sondern ist!« (J.K. Lavater's Physiognomik zur Beförderung der Menschenkenntnis und Menschenliebe, Berlin 1834, S. 156).

[18] Hacks an Eberhard Esche (25. 12. 1978), in: *junge Welt* 28. 8. 2006, S. 11.

[19] ebd.

[20] Für »Moritz Tassow« gilt dasselbe nur scheinbar. Zum einen ist das Hauptthema dieses Stücks die fröhliche Resignation, ohne die zwar das Problem von Leistung und Demokratie nicht abgehandelt werden kann, die aber nicht identisch mit diesem ist; zum anderen ist der Stoff des »Tassow« genaugenommen nicht sozialistischen Verhältnissen entnommen, sondern spielt in einer Übergangsphase, die der Revolution noch ein ganzes Stück mehr verwandt ist als den entfalteten sozialistischen Verhältnissen.

[21] s. u.a. Wolfgang Berger: Zu den Hauptursachen des Untergangs der DDR, in: *Weißenseer Blätter* 4/1992, S. 26–36. Ders.: Zum Untergang der DDR, in: *Weißenseer Blätter* 5/1995, S. 31ff. Walter Florath: Von Ulbricht zu Honecker, in: *Weißenseer Blätter*, 3/1998, S. 41–59.

[22] Wenn Hacks allerdings betont, daß er an der Erkenntnis, daß auch der Heldenstand »keine Vereinigung ungewöhnlich groß veranlagter Einzelwesen« darstellt, »lange gelernt« habe, verwundert dieses Bekenntnis. Man muß nur sein dramatisches Werk gegen diese Äußerung halten, um zu sehen, daß schon sehr früh das Genie jedweden Fachs mit Minderen desselben Fachs konfrontiert ist. So etwa Columbus mit den drei Gelehrten beim Disput am spanischen Hofe. Verläßt man die konkrete Beziehung Genie-Gesellschaft und betrachtet die dramatischen Konfigurationen, so fällt auf, daß in Hacksens Werk immer wieder ein Personenpaar auftaucht: die ungleichartig Gleichartigen. So Mattukat und Blasche, Jupiter und Merkur, Gott und Gabriel, Herakles und Iphikles; ähnlich auch René und Adhéaume de Croixbouc und in einem weiteren Sinne auch Gartengott und Fliegenschnäpper, Minerva und Fretty. Diese Konfiguration kann durchaus als typisch für den Dramatiker Hacks bezeichnet werden. Während die je Erstgenannten sämtlich, aber ein jeder auf seine Weise, das Vollkommene verkörpern, stehen die anderen ihnen als Kontrast des Platt-Wirklichen gegenüber. Die Spannung, die dabei entsteht, ist gewollt, und die Gegenüberstellung hat offenbar den Sinn, daß das Publikum nicht auf die Idee kommen soll, in den vollkommenen Figuren etwas anderes als den idealen Entwurf zu sehen. Sie sollen Vorbilder sein, aber nicht für selbstverständlich genommen werden. Nicht zufällig z.B. schreibt Hacks seinem Mattukat eine schwere Krankheit an den Hals. Denn daß dieser vollkommene Politiker am Ende aus gesundheitlichen Gründen abtreten und dem Pragmatiker Blasche seinen Posten übergeben muß, bedeutet dem Publikum, daß eben auch ein Mattukat, so sehr er die Mitte und die Regel verkörpert, eine Ausnahme-

erscheinung ist. Unter den wirklichen Menschen, ließe sich sagen, ist die Regel die Ausnahme.

[23] Der Geschlechtertausch als Motiv steht natürlich, wofür immer er sonst noch steht, für die Undefinierbarkeit des Genies. »Aber wie«, fragt Charlotte, »zielt man auf das Wesenlose?« (HW V, 120) Die besondere und autonome Lebensweise des Genies macht es der Gesellschaft schwer, es einzuordnen, obgleich doch nichts einfacher ist als das, wenn man nur über die üblichen Begriffe hinausgeht und auch den des Genies zuließe, den Genies also ihren eigenen Platz in der Gesellschaft zugestünde. Dieses Problem scheint auch das Thema von »Meta Morfoss« zu sein, welches Märchen allerdings aus denselben Gründen auch als gesellschaftliche Standortbestimmung der Transsexualität gelesen werden kann. Meta verursacht durch ihre besondere Gabe, sich in alle möglichen Dinge verwandeln zu können, einigen gesellschaftlichen Ärger. Sie paßt aufgrund ihrer Besonderheit nicht in die gängigen Muster. Als der Müllmann Karsunke fordert, »daß sie sich endlich entscheidet, wer sie sein will, damit man sich daran gewöhnen kann«, entgegnet Metas Vater: »Wir haben uns auch so daran gewöhnt« und ihre Mutter fügt hinzu: »Es ist doch ganz klar, wer sie ist [...] Sie ist doch die Meta« (HW XI, 152). Metas Tante, die auf den in diesem Zusammenhang sehr interessanten Namen Herr Maffrodit hört und im übrigen einen Schnurrbart trägt, beschließt die Unterhaltung mit den Worten: »Natürlich muß man verhindern, daß sie dumme Streiche macht [...] Aber im Übrigen glaube ich nicht, daß man viel an ihr ändern kann. Und wenn ich es zum Beispiel könnte, wüßte ich gar nicht, wo ich das Recht dazu hernehmen sollte« (ebd.). Ähnlich auch das Thema in »Das Pflaumenhuhn«. Dem Eierbaum und dem Pflaumenhuhn wird zum Verhängnis, daß sie, Zwitterwesen, nicht den Normen der Gesellschaft entsprechen und durch ihre ungewöhnlichen Eigenschaften Ärger bereiten: »Die Köchin, die in ihrem Sinn, / Was sie nicht kennt, verachtet, / Die hat mit einem Dolch aus Zinn / Das Pflaumenhuhn geschlachtet« (HW X, 55) und: »Der Tischler meint, ein Eierbaum / Verderbe gute Sitten. / Er hat ihn für den Frühstücksraum / Zu Möbelholz zerschnitten« (HW X, 56).
[24] Peter Hacks an Eberhard Esche (25. 12. 1978), in: *junge Welt* 28. 8. 2006, S. 11.
[25] Der oben bemühte Vergleich des Hacksschen Iphikles mit Schillers Wallenstein scheint zunächst gewagt, da Wallenstein, anders als Iphikles, in seinem Fach ein herausragender Könner gewesen ist. Dennoch haben sie beide ihre Gemeinsamkeit darin, daß sie durch eine für sie persönlich ungünstige Lage zu ihrem Verhalten verleitet werden. Selbst Schiller, der als Historiker sehr zugunsten seines späteren dramatischen Helden argumentiert, muß letztlich eingestehen, daß »Not und Verzweiflung ihn [antrieben], das Urteil wirklich zu verdienen [...]. So fiel Wallenstein nicht, weil er Rebell war, sondern er rebellierte, weil er fiel« (NA 18, 329). Dieser letzte Satz

Anhang

erklärt nun auch das Verhalten des Iphikles, mit dem Unterschied, daß sein Stern nicht erst sinken mußte, sondern er seine ungünstige Lage als Geschenk der Natur besitzt.

26 Die Angaben zur Datierung des Stücks sind widersprüchlich. Belegbar ist, daß Peter Hacks bereits 1970 an diesem Stück gearbeitet hat; so gegenüber Heinar Kipphardt am 23. 10. 1970 (vgl. DWF, 126); so bezeugt es ferner André Müller (vgl. GmH, 48). Im von Peter Hacks selbst erstellten Werkverzeichnis der Ausgabe letzter Hand ist das Stück dagegen auf 1971 datiert (vgl. HW XV, 341). Außerdem berichten die »Gespräche mit Hacks« auch für den Sommer 1971 noch von einer Arbeit am »Numa« (GmH, 62), so daß man wohl die Angabe, die Hacks laut der Berlinischen Dramaturgie in der Akademie der Künste zur Entstehungszeit des Stücks gegeben hat – 1969/70 (vgl. BD 1, 105) – für einen Erinnerungsfehler halten darf. Hierfür spricht ebenfalls, daß Hacks den Einmarsch der Warschauer Vertragsstaaten in die ČSSR, der im August 1968 stattfand, in dieselbe Zeit datiert und bekundet, daß das Stück vor diesem Einmarsch entstanden sei. Das kann nun auf »Numa« selbst dann nicht zutreffen, wenn das Stück bereits 1969 entstanden wäre. Das Stück, auf dessen Entstehung diese Erinnerung allerdings gut treffen könnte, ist der »Prexaspes«, der bereits 1968 entstanden ist und aufgrund seiner ähnlichen Thematik zu einer Verwechslung in der Erinnerung des Autors geführt haben könnte.

27 Walter Ulbricht: Die Bedeutung des Werkes »Das Kapital« von Karl Marx für die Schaffung des entwickelten gesellschaftlichen Systems des Sozialismus in der DDR und den Kampf gegen das staatsmonopolistische Herrschaftssystem in Westdeutschland, Berlin 1967, S. 38 (s. auch: Ders.: Zum Ökonomischen System des Sozialismus II, a.a.O., S. 530f.).

28 ebd.

29 Peter Hacks: Einige Gemeinplätze über das Stückeschreiben, a.a.O., S. 120.

30 ebd.

31 Die bei weitem beste Gesamtdarstellung des Neuen Ökonomischen Systems bietet: Jörg Roesler: Zwischen Plan und Markt. Die Wirtschaftsreform 1963–1970 in der DDR, Freiburg/Berlin 1990. In vielen Urteilen problematisch, aber aufgrund seines Materialreichtums bemerkenswert ist: André Steiner: Die DDR-Wirtschaftsreform der sechziger Jahre. Konflikt zwischen Effizienz und Machtkalkül, Berlin 1999. Wertvolle Sammlungen von Dokumenten sind: Richtlinie für das neue ökonomische System der Planung und Leistung in der Volkswirtschaft. Beschluß des Präsidiums des Ministerrates der Deutschen Demokratischen Republik, Berlin 1963; Erich Apel / Günter Mittag: Ökonomische Gesetze des Sozialismus und neues ökonomisches System der Planung und Leitung der Volkswirtschaft, Berlin 1964; Walter Ulbricht: Zum Ökonomischen System des Sozialismus in der DDR, 2 Bde., Berlin 1968. Den Versuch einer ideologischen Grundlegung der Reformen

machen: Wolfgang Berger / Otto Reinhold: Zu den wissenschaftlichen Grundlagen des neuen ökonomischen Systems, Berlin 1966.
[32] Richtlinie für das neue ökonomische System, a.a.O., S. 13.
[33] Walter Ulbricht: Probleme des Perspektivplanes bis 1970, in: *Neues Deutschland* 18. 12. 1965 (s. auch: Ders.: Zum Ökonomischen System des Sozialismus I, a.a.O., S. 669).
[34] Peter Hacks: Das realistische Theaterstück, a.a.O., S. 103.
[35] Peter Hacks an André Müller (13. 11. 1988), in: *junge Welt* 28. 8. 2008, S. 11.
[36] Der Ort dieses Bekenntnisses, es sind die »Randglossen« (1875), zeugt wider die Annahme, die Forderung nach der Abschaffung der Arbeitsteilung im Kommunismus könne eine Grille sein, der Marx und Engels lediglich in ihrer Sturm-und-Drang-Periode nachhingen. Richtig ist, daß diese Forderung im Zusammenhang mit der Entfremdungstheorie zustande gekommen ist, denn eine Aufhebung der Entfremdung läßt sich, sofern überhaupt, nur denken, indem auch die Teilung der Arbeit als aufgehoben gedacht wird. Richtig ist auch, daß die Entfremdungstheorie, obgleich Marx und Engels sie später nie öffentlich desavouiert haben, in dem Maße aus ihrem Denken verschwand, in dem das Geschichtsbild dieser beiden Denker sich verwissenschaftlichte und an die Stelle eines vagen und ziemlich allgemein gehaltenen Geschichtsmaterialismus, wie er in der »Deutschen Ideologie« (1845 bis 1846) präsentiert wird, die strengere, sich allmählich ausbildende Methode der Politischen Ökonomie (»Grundrisse«, »Kritik der politischen Ökonomie«, »Kapital«, »Theorien über den Mehrwert«) trat. Während aber die Aufhebung der Entfremdung im Spätwerk kaum noch Rolle zu spielen scheint, beweist der hier angeführte Passus der »Randglossen«, daß sich die Vorstellung von der Aufhebung der Arbeitsteilung im Kommunismusbild von Karl Marx selbst in seiner »marxistischen« Periode noch erhalten hat. Entsprechend läßt sich auch Friedrich Engels im »Anti-Dühring« (1878) vernehmen, welches Werk allerdings aufgrund seines wenig originellen, stark vereinfachenden und polemischen Charakters ohnehin mit Vorsicht zu genießen ist. Peter Hacks, dessen Kritik gegen das Dogma von der Aufhebung der Arbeitsteilung, das er eine »linksromantische [...] anarchodemokratische Verklärung der industriellen Einstampferei« (HW XIV, 317) nennt, recht deutlich ist, versucht Engels' Äußerungen zugleich zu erklären als eine »Erinnerung an die mit Marx durchschwärmten Jünglingsjahre« (HW XIV, 316), wodurch der Eindruck entsteht, als habe es sich um einen Rückfall von Engels in alte Zeiten gehandelt. Indes zeigen eben die »Randglossen«, daß auch Marx zur selben Zeit sich zu dieser Vorstellung bekennt, und es scheint auch bei ihm kaum ein Rückfall hinter den eigenen Stand der Erkenntnis zu sein, sondern eher eine nie ganz ausgeräumte Unklarheit. Interessant ist in diesem Zusammenhang auch eine Stelle im »Numa«, in der, auf die Behauptung Faunos hin, daß er vormittags jagen, abends fischen

Anhang

und nachts kritisieren wolle, der Klient – freilich in Parteiprosa – erklärt, daß der junge Marx ein »Abweichler« (SD, 140f.) war. Die Kritik, die Hacks an Engels übt, ist dieser Szene, will man sie verstehen, zu unterlegen. 1978 schließlich nennt Hacks, wie wir schon gesehen haben, den »allseitig ausgebildete[n] Mensch[en]« (HW XIII, 235) immerhin ein Ideal, ein wünschbares Ziel also, dessen Unerreichbarkeit jedoch von vornherein eingestanden ist. – Weitere Referenzstellen bei Marx und Engels sind in der »Deutschen Ideologie«: »[...] weil mit der *Teilung* der *Arbeit* die Möglichkeit, ja die Wirklichkeit gegeben ist, daß die geistige und materielle Tätigkeit – daß der Genuß und die Arbeit, Produktion und Konsumtion, verschiedenen Individuen zufallen, und die Möglichkeit, daß sie nicht in Widerspruch geraten, nur darin liegt, daß die Teilung der Arbeit wieder aufgehoben wird« (MEW 3, 32); – »Und endlich bietet uns die Teilung der Arbeit gleich das erste Beispiel davon dar, daß, solange die Menschen sich in der naturwüchsigen Gesellschaft befinden, solange also die Spaltung zwischen dem besondern und gemeinsamen Interesse existiert, solange die Tätigkeit also nicht freiwillig, sondern naturwüchsig geteilt ist, die eigne Tat des Menschen ihm zu einer fremden, gegenüberstehenden Macht wird, die ihn unterjocht, statt daß er sie beherrscht. Sowie nämlich die Arbeit verteilt zu werden anfängt, hat Jeder einen bestimmten ausschließlichen Kreis der Tätigkeit, der ihm aufgedrängt wird, aus dem er nicht heraus kann; er ist Jäger, Fischer oder Hirt oder kritischer Kritiker und muß es bleiben, wenn er nicht die Mittel zum Leben verlieren will – während in der kommunistischen Gesellschaft, wo Jeder nicht einen ausschließlichen Kreis der Tätigkeit hat, sondern sich in jedem beliebigen Zweige ausbilden kann, die Gesellschaft die allgemeine Produktion regelt und mir eben dadurch möglich macht, heute dies, morgen jenes zu tun, morgens zu jagen, nachmittags zu fischen, abends Viehzucht zu treiben, nach dem Essen zu kritisieren, wie ich gerade Lust habe, ohne je Jäger, Fischer, Hirt oder Kritiker zu werden« (MEW 3, 33); – »Bei einer kommunistischen Organisation der Gesellschaft fällt jedenfalls fort die Subsumtion des Künstlers unter die lokale und nationale Borniertheit, die rein aus der Teilung der Arbeit hervorgeht, und die Subsumtion des Individuums unter diese bestimmte Kunst, so daß es ausschließlich Maler, Bildhauer usw. ist und schon der Name die Borniertheit seiner geschäftlichen Entwicklung und seine Abhängigkeit von der Teilung der Arbeit hinlänglich ausdrückt. In einer kommunistischen Gesellschaft gibt es keine Maler, sondern höchstens Menschen, die unter Anderem auch malen« (MEW 3, 379). – Ferner im »Anti-Dühring«: »Der [...] Denkweise der gelehrten Klassen muß es allerdings als eine Ungeheuerlichkeit erscheinen, daß es einmal keine Karrenschieber und keine Architekten von Profession mehr geben soll und daß der Mann, der eine halbe Stunde lang als Architekt Anweisungen gegeben hat, auch eine Zeitlang die Karre schiebt, bis seine Tätigkeit als Architekt wieder in Anspruch genommen wird. Ein schöner Sozialismus, der die Karrenschieber von Profession verewigt!« (MEW 20, 186); – »Die Gesellschaft kann sich selbstredend nicht befreien, ohne daß jeder einzelne befreit wird. Die alte Produktionsweise muß also von Grund aus umgewälzt werden, und namentlich muß die alte Teilung der Arbeit verschwinden« (MEW 20, 273).

[37] vgl. hierzu auch: »Der allgemeine und als Macht sich konstituierende *Neid* ist die versteckte Form, in welcher die *Habsucht* sich herstellt und nur auf eine *andre* Weise sich befriedigt. Der Gedanke jedes Privateigentums als eines solchen ist *wenigstens* gegen das reichere Privateigentum als Neid und Nivellierungssucht gekehrt, so daß diese sogar das Wesen der Konkurrenz ausmachen. Der rohe Kommunist ist nur die Vollendung dieses Neides und dieser Nivellierung von dem *vorgestellten* Minimum aus. Er hat ein *bestimmtes begrenztes* Maß. Wie wenig diese Aufhebung des Privateigentums eine wirkliche Aneignung ist, beweist eben die abstrakte Negation der ganzen Welt der Bildung und der Zivilisation, die Rückkehr zur *unnatürlichen* Einfachheit des *armen*, rohen und bedürfnislosen Menschen, der nicht über das Privateigentum hinaus, sondern noch nicht einmal bei demselben angelangt ist« (MEW, Ergänzungsband I, 534f.). Und: »[...] solange die Produktivkräfte noch nicht so weit entwickelt sind, um die Konkurrenz überflüssig zu machen, und deshalb die Konkurrenz immer wieder hervorrufen würden, solange würden die beherrschten Klassen das Unmögliche wollen, wenn sie den ›Willen‹ hätten, die Konkurrenz und mit ihr Staat und Gesetz abzuschaffen« (MEW 3, 312).

[38] Natürlich erkennt man in der Charakterisierung der beiden Funktionäre die Charakteristik der beiden Gruppen wieder, die Hacks als die Klassen des Sozialismus auffaßt, Fachleute und Apparatleute (vgl. AEV, 129). Aber Romano und Sabino bilden nicht dies Modell selbst ab, sondern die Funktionen, die ihm zugrunde liegen: Gesittung und Produktivität, Gleichheit und Reichtum, Leistung und Demokratie. Romanos Profil als Funktionär der Partei, der jedoch den Geist der Wirtschaftsleute vertritt, gibt Auskunft über das praktische Verständnis, das Peter Hacks von seinem Klassenmodell hatte, denn er neigt dazu, die politischen Strömungen, die er mit seinen Klassen meint, sehr stark gesellschaftlich zu verorten. So spricht er von Parteiapparat und Wirtschaftsfachleuten, meint doch aber eher den Geist des Apparats und den Geist der Wirtschaftsführung. Daß administrativer Geist auch in Wirtschaftsleitern und Fachleuten stecken kann, und Spezialistengeist auch in Apparatleuten, scheint durch diese Redeweise ausgeschlossen. Und dennoch zeigt z.B. auch »Numa«, daß es die Wirtschaftsfraktion ebenso sehr innerhalb der Partei gegeben hat wie die Parteifraktion. Romano verkörpert diese Fraktion und rekurriert so konkret auf promovierte oder fachlich gut ausgebildete Parteifunktionäre wie Walter Halbritter, Wolfgang Berger, Erich Apel, Gerhard Schürer oder Günter Mittag, die bei der Entwicklung und Durchsetzung des Neuen Ökonomischen Systems eine wichtige Rolle gespielt haben, womit Romano folglich in seiner Bedeutung

Anhang

zu unterscheiden ist von Betriebsleitern oder ökonomisch tätigen Forschern, wie etwa Manfred von Ardenne, Max Steenbeck oder andere Mitglieder des Forschungsrats der DDR, die außerhalb der Partei stehend eine wichtige Funktion im Produktionsprozeß der Gesellschaft erhielten.

[39] So gehörten z.B. 1969 12,4% der Berufstätigen in der DDR zu den genossenschaftliche Bauern und Handwerkern, 3,9% waren private Händler und Handwerker, Freiberufler, Kommissionshändler etc., der große Rest waren Angestellte des Staates oder Arbeiter in industriellen Betrieben, von denen 84,3% vollständig in staatlicher Hand waren und 12,8% Betriebe mit staatlicher Beteiligung; s. hierzu: Statistische Jahrbücher der DDR bis 1972.

[40] zit. n. Eva-Maria Hagen: Eva und der Wolf, München 1998, S. 144f.

[41] Inwieweit diese *Rettung der Menschheit* so zu verstehen ist, daß geschichtlich jemals ein Zustand erreicht werden könne, in dem die Struktur der Gesellschaft keine Widersprüche mehr enthält, ist eine andere Frage. Peter Hacks selbst hat 1972, in zeitlicher Nähe zum »Numa«, die Möglichkeit einer widerspruchsfreien Gesellschaft ausdrücklich verneint: »Es gibt keine Lage, keine fortgeschrittenste Gesellschafts- und Bewußtseinslage, die anders aufzutreten imstande ist als als Krieg, als als Kampf; niemand ist im Besitz der vollen Wahrheit, niemand ist im Besitz des vollen Rechts. Daher sind Kämpfe unausbleiblich und sind Ideen, soweit sie das Reich der Wirklichkeit betreten haben, nicht anders lebendig zu treffen als in Form von Kämpfen« (BD 1, 12). Und: »Die Geschichte hat doch nicht aufgehört, eine Geschichte von Klassenkämpfen zu sein. Inzwischen haben wir schon ein bißchen eine modernere Definition von Klasse. Also nehmen wir den Begriff Klasse noch weiter. Die Wahrheit wird sich immer aufteilen unter Gruppen von Leuten, die gegeneinander kämpfen um ihres Teils der Wahrheit willen. Das werden sie nie aufhören zu tun« (BD 1, 40).

[42] Die Datierung des »Ekbal« ist von Belang. Die Werkausgabe gibt als Entstehungszeit 1961 und 1966 an (vgl. HW XV, 344), der Erstdruck der Erzählung (in: Peter Hacks, Die Maßgaben der Kunst, Berlin 1978) teilt ferner für den »Anhang. Aus Ekbals letztem Willen« das Jahr 1975 als Entstehungszeit mit. Die hier zitierte Passage wurde also entweder im Winter 1961 oder im November 1966 verfaßt (s. ebd., S. 419). Da die erste Fassung nie veröffentlicht wurde, bleibt vorerst unklar, ob die Fabel von den Lanzenreitern und Kupferschmieden bereits 1961 entstanden ist. Durch Zeitbezüge läßt es keinesfalls ausschließen. Zwar ist das Neue Ökonomische System erst 1962 modelliert und erst 1963 in Betrieb genommen worden, aber da der Staatsrat der DDR 1961 bereits existierte, war auch jene Lage gegeben, die im »Ekbal« beschrieben ist: die Emanzipation des Staats von der Partei. André Müller bestätigt, daß die Gründung des Staatsrats, neben der Lektüre von Robert Weimanns »Drama und Wirklichkeit in der Shakespearezeit« (1958), bei Hacks den entscheidenden Impuls zur Entwicklung jener Theorie

vom sozialistischen Absolutismus gegeben hat (in einem Brief an den Verfasser vom 8. 5. 2008).

[43] Ota Šik erklärte 1990: »Wir, der Kern der ökonomischen Reformer, versuchten in Prag damals eben nicht den Kommunismus zu reformieren. Unser eigentliches Ziel war es, ihn abzuschaffen und ein neues System aufzubauen. Man hat zwar immerfort von der Reform zu einer sozialistischen Demokratie oder sozialistischen Marktwirtschaft sprechen müssen, weil man sonst überhaupt nicht an die Öffentlichkeit gelangt wäre. Aber sowohl ich als auch meine nächsten Mitarbeiter wußten, daß der Kommunismus in seinen Grundideen gescheitert war« (s. Wer will denn heute den Mischmasch aus Plan und Markt? Gespräch mit Ota Šik, in: *Die Welt* 5. 11. 1990).

[44] Interessant ist in diesem Zusammenhang sicherlich auch eine Bemerkung von Hacks über das Zollamt der DDR: »Die Unfähigkeit dieser Behörde ist schon wieder eine historische Notwendigkeit, denn fähige Leute würden sicher auch keine Zollbeamten werden« (FR, 24). Entsprechend dann über die Demokratisierung der DDR: »Dieses Problem hat doch in dieser Gesellschaft immer nur für die überflüssigen Leute gestanden [...] für Leute, die das, was sie taten, sowieso nicht konnten und wußten, man kann sie jederzeit auch wieder feuern [...] Kein unersetzlicher Mensch [...] die gesamte [...] eigentlich produzierende Schicht dieses Landes [hat] sich doch niemals eine Vorschrift machen lassen« (FR, 24f.).

[45] Sieben Fragen zum Thema. Ein fiktives Gespräch mit Peter Hacks, in: Revolution gegen den Staat? Die außerparlamentarische Opposition – die neue Linke, hrsg. v. Hans Dollinger, Bern u.a. 1968, S. 83–150.

[46] So Kurt Gosweiler in: AEV, 141f.; Hans Heinz Holz in: NÄV, 18. – Anders: Heidi Urbahn de Jauregui: Zwischen den Stühlen, Berlin 2006, S. 259–264; Felix Bartels: »Miteinandersichabfinden«, a.a.O., S. 11; Ders.: Der ennuyierte Odysseus, a.a.O., S. 72f.; Heidi Urbahn de Jauregui: Hacks oder die Mitte. Zum Staatsdenken des kommunistischen Dichters, in: *junge Welt* v. 28. November 2008, S. 10f.

[47] Lenins theoretische Unentschiedenheit hat späte Früchte getragen. So konnte man z.B. in einem »Wörterbuch des wissenschaftlichen Kommunismus« über das Verhältnis von Ökonomie und Politik folgende Behauptung lesen: »Dieser Zusammenhang stellt sich als dialektisches Wechselverhältnis dar, in dem die Ökonomie das Primat und die Politik den Vorrang hat.« (s. Rudolf Dau u.a. (Hrsg.): Wörterbuch des wissenschaftlichen Kommunismus, Berlin 1982, S. 82) – Hätte dann folglich die Ökonomie das Primat vor dem Vorrang der Politik oder die Politik den Vorrang vor dem Primat der Ökonomie? Was bei Lenin noch aus der Notwendigkeit der Tagespolitik, dem Reagieren auf wechselnde Lagen, kommen mag, ist hier der Versuch, ein Widersprüchliches in einen stehenden Lehrsatz zu wandeln, und das ist überhaupt nur dann möglich, wenn man den Widerspruch zunächst als Widerspruch anerkennt.

Anhang

[48] *Neues Deutschland* 15. 12. 1962.
[49] Zur Datierung des »Ekbal« s. Anm. 42.
[50] »Die revisionistische Gefahr ist verkörpert in den Ökonomen und Physikern« (AEV, 137). – »Da ist einmal die Frechheit der Rechten, also der Wirtschaftsfraktion, mit ihren heimlichen Preistreibereien, den Tricks und ihrer Lust, alles zu rationalisieren, also alle Betriebe zu schließen, die nicht 19 % Rendite brachten. Selbst Ulbricht konnte sie am Ende nicht mehr bremsen. Hier hat der Niedergang des kleinen Handwerkertums begonnen, und das hat der Linken in der Partei die Möglichkeit gegeben, zusammen mit der Sowjetunion die Ulbricht-Politik zu bekämpfen« (GmH, 158). – »Ulbricht wollte noch im Prinzip etwas Unmögliches: Der Wirtschaft Marxismus und der Partei Sitten beibringen. Am Ende hätte er es wahrscheinlich sogar geschafft« (GmH, 402f.). – »Ulbrichts größte und verdienstvollste und gescheitertste Anstrengung [war], aus Parteimenschen zugleich Fachmenschen und aus Fachmenschen zugleich Parteimenschen zu züchten. Er ließ seine Funktionäre den Doktor machen und seine Professoren ML studieren. Die einen wie die anderen, mit verschwindenden Ausnahmen, wollten das nicht« (AEV, 145).
[51] Die Schieflage der »Binsen«, worin das Leistungsprinzip isoliert gegen eine übermächtige Bewegung demokratischer Faulheit steht, wurde schon behandelt. Aufschlußreicher wird die Sache noch, wenn man das Motiv der Gammelei bei Hacks insgesamt betrachtet. Faulheit scheint in den Vorstellungen von Hacks ein Merkmal der Gleichheit zu sein: Die Neigung zum Nichtstun ist zugleich Kennzeichen der demokratischen Bewegung allgemein als auch des Parteiapparats und der staatlichen Beamtenschaft. Wo die gesellschaftliche Produktion vornehmlich als sittliches Problem begriffen wird, ist eine Unterschätzung der Produktivität wahrscheinlich und insbesondere dort, wo – wie im Sozialismus – sittlicher Anspruch (Vergesellschaftung) und Produktivität an bestimmten Stellen in Widerspruch geraten können, schließlich unvermeidlich. So äußert Hacks 1968 mit Blick auf »Maos Emeute der Unbedarften«, d.i. die Kulturrevolution, und andere demokratische Bewegungen: »ich halte [...] die Gammler nicht für die Inkarnation des Weltgeists« (s. Anm. 45). Die Verbindung von Parteiapparat und Gammelei bestätigt sich mehrfach: Schon im »Tassow« hatte Hacks es für nötig gehalten, den Parteiapparat auf zwei Repräsentanten aufzuteilen. Während Mattukat, bei aller Emanzipation von der bloß revolutionären Haltung, sich den Elan der Revolutionszeit bewahrt hat, die politischen Probleme perspektivisch angeht und in großen Zusammenhängen durchdenkt, zeigt Blasche, als typischer Vertreter des Apparats, Ansätze zur Gammelei und ein Ausweichen vor Widersprüchen, somit eine Müdigkeit im Denken wie im Handeln (vgl. HW III, 175–177). Gegenüber Kurt Gosswiler (28. 8. 1998) nimmt Hacks später eine ähnliche Zuordnung vor: »Die Arbeiterklasse war gespalten: wenn sie arbeiten wollte, hing sie der Intelligenz an, wenn sie nicht arbeiten

wollte, dem Apparat« (AEV, 130). 2000 schließlich erscheinen »Die Namen der Linken«, worin Hacks als Hauptursache für den Untergang des Sozialismus den Umschlag des revolutionären Elans in die Ermattung, in die Faulheit also, benennt (vgl. HW XIII, 537). Die Gammelei scheint für Hacks überdies im Wesen des Apparats überhaupt zu liegen: »Die eigentümliche Begabung des Beamten ist, zu verhindern, daß etwas geschieht« (HW XV, 158); und: »Zur Paranoia des Liberalismus gehört die Wahnvorstellung, daß eine Administration gern administriere. Das Gegenteil trifft zu. Es gibt nur eines, das eine Administration wirklich gern tut, und das ist: gar nichts« (HW XIV, 438).

52 So viel zu sagen: Es dürfte schwer fallen, eine andere Definition zu finden, die bei gleicher Kürze ebenso treffend ist. Doch natürlich bleiben bei diesem Umfang Fragen offen. Ein Einwand, der sich unmittelbar aufdrängt, wäre, daß in der Definition die Notwendigkeit der Planung nicht zum Ausdruck gebracht ist. Die Planung ermöglicht einerseits durch Organisation Produktivität, zum anderen ist sie selbst ein Moment der realisierten Vergesellschaftung, die durch die bloß juristische Bestimmung eines Volks- oder Staatseigentum noch nicht zur Wirklichkeit gelangen kann, sondern vielmehr als reale Gegebenheit erst in einer organischen Verknüpfung der einzelnen Produzenten zur Umsetzung zu bringen ist.

Anhang

Siglen

AEV	Peter Hacks: Am Ende verstehen sie es. Politische Schriften 1988 bis 2003. Nebst einem Briefwechsel mit Kurt Gossweiler 1996 bis 2003, hrsg. von André Thiele und Johannes Oehme, Berlin 2005.
BD	Berlinische Dramaturgie. Gespräche der von Peter Hacks geleiteten Akademiearbeitsgruppen, hrsg. v. Thomas Keck und Jens Mehrle, 5 Bde., Berlin 2010.
DWF	Peter Hacks, Heinar Kipphardt: Du tust mir wirklich fehlen. Der Briefwechsel, hrsg. v. Uwe Naumann, Berlin 2004.
FR	Gottfried Fischborn, Peter Hacks: Fröhliche Resignation. Interview, Briefe, Aufsätze, Texte, Berlin 2007.
GmH	André Müller sen.: Gespräche mit Hacks. 1963–2003, Berlin 2008.
HW	Peter Hacks: Werke, 15 Bde., Berlin 2003.
LBG	Peter Hacks: Lieder Briefe Gedichte, Berlin 1974.
NÄV	Peter Hacks / Hans Heinz Holz: Nun habe ich Ihnen doch zu einem Ärger verholfen. Briefe. Texte. Erinnerungen, hrsg. v. Arnold Schölzel, Berlin 2007.
SD	Peter Hacks: Sechs Dramen, Düsseldorf 1978.
TS	Peter Hacks: Theaterstücke, Berlin 1957.
BA	Goethe: Berliner Ausgabe, 22 Bde., 1960–1978.
GHW	Georg Wilhelm Friedrich Hegel: Werke, 20 Bde., Frankfurt a.M. 1961–1971.
LW	W.I. Lenin: Werke, 40 Bde., Berlin 1955–1965.
MEW	Karl Marx / Friedrich Engels: Werke, 43 Bde., Berlin 1956–1990.
NA	Schillers Werke. Nationalausgabe, Weimar 1943ff.
WA	Goethes Werke (Weimarer Ausgabe), 146 Bände, Weimar 1887–1919.

Notiz zur Ausgabe

Die vorliegende Untersuchung entstand im Winter 2008/09 und war als Teil einer größeren Publikation zum gesellschaftlichen Denken von Peter Hacks geplant, die aus verschiedenen Gründen nicht realisiert werden konnte. Zum Zwecke der separaten Veröffentlichung wurde der Text durchgesehen und überarbeit. Die Materialbasis betreffend sei angemerkt, daß die im Frühjahr 2010 publizierte »Berlinischen Dramaturgie« v.a. aus Zeitgünden nur punktuell ausgewertet werden konnte.
Der Abschnitt zum »Numa« hat einen Vorabdruck erfahren (u.d.T. Reichtum und Gleichheit. Anmerkungen zu einem Widerspruch in »Numa«, in: *Argos* 4 (März 2009), S. 7–48).
Für Korrekturen und Hinweise habe ich Ronald Weber und Gunther Nickel zu danken.

Weitere Titel im VAT

Marco Tschirpke / Waejane Chen
Der Himmel ist voll Dampf
Marco Tschirpke singt Peter Hacks
Am Klavier: Waejane Chen
Audio-CD, 9.90 EUR
ISBN 978-3-940884-04-6

Außerhalb der Theater ist Peter Hacks ganz besonders wegen seiner Gedichte und Lieder beliebt. Marco Tschirpke stellt 25 Interpretationen ganz eigener Art vor: Er nimmt die Texte beim Wort und setzt und singt gleichrangige Kompositionen, die dem Zuhörer erlauben mitzudenken und die lyrischen Bilder im Kopf zu entfalten. Aufmerksam begleitet von der Pianistin Waejane Chen, entfaltet Tschirpke die Melodik Hacksscher Lyrik.

Heidi Urbahn de Jauregui
Dichterliebe
Leben und Werk von Heinrich Heines letzter Geliebter, der »Mouche«
Roman, Mainz 2009, 386 S., gebunden, 18.90 EUR
ISBN 978-3-940884-02-2

Heidi Urbahn de Jauregui legt die erste wissenschaftlich solide und zugleich spannend erzählte Lebensgeschichte von Heinrich Heines »Mouche« vor, der Geliebten am Sterbebett des Dichters, einer höchst bemerkenswerten Schriftstellerin aus dem Paris des 19. Jahrhunderts. Bisher wurde sie nur als Gefährtin berühmter Männer wahrgenommen, dabei war sie talentiert und eigenständig und hat es aus eigener Kraft zu einigem Ruhm gebracht. Dieser Roman gibt ihr ihre Identität zurück.

www.vat-mainz.de

Peter Hacks im VAT

ARGOS
Mitteilungen zu Leben, Werk und Nachwelt
des Dichters Peter Hacks (1928–2003).

Ziel des Fachjournals ARGOS ist die eigenständige, offene, wissenschaftliche und zugleich unterhaltsame Beschäftigung mit dem Dichter Peter Hacks sowie die umfassende und zuverlässige Bewertung der Rezeption durch seine Nachwelt. Das Journal erscheint seit September 2007 in lockerer Folge mindestens zweimal pro Jahr. Das Abonnement ist nur direkt beim Verlag möglich.

Heft 1 (120 Seiten)
F. W. Bernstein | Martin Mosebach | André Müller sen. | Gunther Nickel | André Thiele | Heidi Urbahn de Jauregui | Ingo Way
Rezensionen und Berichte | Neuerscheinungen | Premieren 2003 bis 2007 | Erstdruck: Peter Hacks, Die Russen kommen (1959)
09/2007, 12.90 EUR, ISBN 978-3-940884-21-3

Heft 2 (208 Seiten)
Ute Baum | Wilhelm Boeger | Olaf Brühl | Philipp Dyck | Gottfried Fischborn | Georg Fülberth | Hermann Kant | Thomas Keck/Jens Mehrle | Michael Mandelartz | André Müller sen. | Heidi Urbahn de Jauregui
Rezensionen | Neuerscheinungen | Erstdruck: Peter Hacks, Da Capo (1981)
03/2008, 12.90 EUR, ISBN 978-3-940884-22-0

Heft 3 (312 Seiten)
Felix Bartels | Jens Bisky | Dietmar Dath | Kai Köhler | Christian Klötzer | Annette Lose | Jens Mehrle | Frank Schirrmacher | André Thiele | Ronald Weber
Rezensionen | Neuerscheinungen und Premieren | Erstdruck: Peter Hacks, Agitprop (1957–1962)
09/2008, 14.90 EUR, ISBN 978-3-940884-23-7